図解&事例で学ぶ

マーケティングの教科書

ブレインゲイト代表取締役
酒井光雄 監修
シェルパ 著

マイナビ

はじめに

本書はマーケティングをはじめて学ぶ人のための入門書として、マーケティングの基礎知識をわかりやすく学習できるように構成されています。書店に並ぶ数多くのマーケティングの書籍から、どれを手にしていいのか迷っている人に最適な「はじめの1冊」になると思います。

ビジネスパーソンなら、「マーケティング」という言葉は日常的に耳にしているはずです。本書を手に取る人のなかには、実務でマーケティングにかかわっている人も多いでしょう。今日、マーケティングはすべてのビジネスパーソンにとって欠かせない知識になり、マーケティングとは異なる部門で仕事をしている人にも、マーケティングの概念と基礎知識を知っておくことが必須の時代となりました。

時代を切り拓いてきた企業に、マーケティングは不可欠なビジネススキルとして位置づけられていますが、日本企業のなかには残念ながらマーケティングを市場調査や広告、あるいは販売促進活動などといった狭義の概念と認識しているところも存在します。「マーケティングとは何か?」と問われても、うまく答えられない人が多い理由もそこにあります。マーケティングの概念と本来の役割を理解するためにも、ぜひ本書を手にして欲しいと思います。

本書では、マーケティングにはじめてふれる人や、多忙なビジネスパーソンにも親しみやすく学んでもらうために、豊富な図解を用意しています。右ページの本文を読んだあと、左ページにある図解に目を通せば、わかりやすく体系的に知識を身につけることができます。

また、国内外の企業が、マーケティングの理論を実務にどう活用し、その業績をいかに高めていったのかという事例も数多く掲載しました。誰もが知っている企業や、生活に欠かせない商品を通じてマーケティングを学習すれば、身近な視点から実践的な手法をつかめるでしょう。

本書の構成は次のようになっています。

- 第1章……マーケティングとは何か?
- 第2章……「市場の分析」と「自社の分析」
- 第3章……マーケティングの基本戦略
- 第4章……新製品・新サービスを開発するマーケティング
- 第5章……いまある商品を売るマーケティング
- 第6章……ブランド戦略のためのマーケティング
- 第7章……Ｗｅｂマーケティングの基礎知識

まず第1章では、マーケティングとは「何をするために存在し、どのような効果が期待できるのか」という前提からはじめます。

第2章では、自社の現状や、自社を取り巻く市場を分析する方法について解説します。この章では、自社にはどのようなマーケティングが必要かを把握することができます。

第3章からは、多彩なマーケティング理論について具体的に解説しながら、前提となる基礎的なマーケティング戦略を取りあげます。

基礎を身につけたあとに、第4章の「新製品や新サービス」、第5章の「いまある商品」と続き、それぞれに必要な知識や技術をより深く理解できるように構成しました。

第6章は、マーケティング3・0時代に欠かせないブランド戦略を取りあげています。第7章のWebマーケティングとあわせて、現代のマーケターにとって必修の項目です。

マーケティングの歴史は1900年前後に幕を開けましたが、本書では黎明期に提唱された理論から、マーケティングの発展とともに編み出された普遍的な理論、そして新時代を切り拓く最新理論まで、非常に幅広い内容を取りあげています。ビジネスでマーケティングに取り組むために必要な基礎知識は、本書で網羅的に学べます。

本書内で紹介されているすべてのマーケティング用語は、巻末に索引が用意されていますから、必要な際にすばやくその意味を調べることができます。基礎知識を身につけておけば、最新のマーケティング理論を提唱する専門書も、無理なく読み進められるようになるでしょう。本書がマーケティングに親しむきっかけになれば幸いです。

目次

第2章 「市場の分析」と「自社の分析」

第3章 マーケティングの基本戦略……73

第6章 ブランド戦略のためのマーケティング …… 177

第1章

マーケティングとは何か?

1-01

なぜマーケティングは必要なのか？

時代とともにその役割は広がっていく

▼企業や組織が社会に貢献し続けるために不可欠なマーケティング

「何のためにマーケティングをするのか？」という問いに、あなたならどう答えるでしょうか。「モノやサービスを売るため」と答える人が多いかもしれませんね。部分的には正解といえますが、それがマーケティングのすべてではありません。

マーケティングの理論は時代とともに変化し、**その役割はどんどん広がりを見せています**。たとえば企業が成長するには、人材の力が不可欠です。優秀な人材を獲得するためには、「この会社で働きたい」と思われるように企業の魅力を高める必要があります。

マーケティングによって企業の魅力を高めることは、人材を獲得する以外にも、さまざまな効能があります。たとえば投資家から投資を受ける際にも、当然マーケティングが必要になるでしょう。マーケティングから目をそらした企業や組織に、未来はないのです。

冒頭の問いに対し、シンプルに回答するとしたら、**「企業や組織が社会に貢献し続けるため」**という答えが的確でしょう。

なぜマーケティングをするのか?

マーケティングをする企業

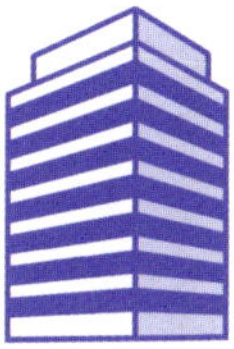

・資金が集まる
・優秀な人材が集まる
・業績良好

マーケティングをしない企業

・投資家から資金を得られない
・優秀な人材が入らない
・業績が悪化する

企業はマーケティングをおこなうことで社会に貢献し続けられる!

●多岐に及ぶマーケティング対象

モノ	サービス	情報	体験
生活用品や工業品をはじめあらゆる製品	満足や効用などを提供するもの全般	インターネットや雑誌などを経て入手する情報	遊園地や映画館など、レジャーに代表されるさまざまな経験

1-02

市場と顧客を創造する

従来の販売活動を不要にするマーケティング

▼セリングとはまったく異なるサイエンス

マーケティングは販売活動（セリング）と混同されることが多いのですが、その実はまったく異なります。マネジメント研究で有名なピーター・ドラッカーは、**マーケティングは販売を不要にする技術だ**と述べています。

マーケティングは、モノやサービスをつくり出す前からスタートします。すでにある商品を売るセリングとは、この点で根本的に異なります。近代マーケティングの祖フィリップ・コトラーも、**マーケティングは生産物の処分方法を見つけるためにあるのではなく、本物の顧客価値を生み出すための技術**だといっています。仮説を立て、生活者の欲求や願望を調べ、これまでに存在しなかったモノやサービスをつくる。顧客が求めているものをつくり出すのですから、こちらから売り込まなくても、「売ってください」といわれるでしょう。また、マーケティングによって顧客が気づいていない需要を掘り起こすことも可能です。マーケティングは新たな市場と顧客を創造するのです。

明確に区別される販売活動とマーケティング活動

販売活動（セリング）

すでにある商品 を **売る活動**

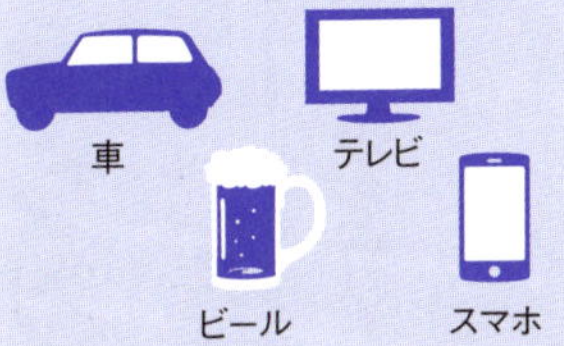

- 飛び込み営業
- 試乗会
- お年玉セール
- 店頭実演販売
- プレゼントキャンペーン

マーケティング活動

仮説づくり → **分析** 市場 顧客 → **開発** 新商品 新サービス → **創造** 新市場 新顧客

新しい価値を創造し、長期的に愛される商品や企業をつくり出すのがマーケティング！

1-03 マーケティング理論の主な提唱者

第一人者はフィリップ・コトラー

▼先見性あふれる数々の理論を打ち立てる

マーケティング理論の第一人者といえば、すでに本書でもその名が登場しているフィリップ・コトラーです。コトラーはノースウエスタン大学ケロッグ経営大学院でインターナショナル・マーケティングの担当教授として教鞭をとる一方で、ＩＢＭをはじめ世界的な大企業のマーケティング・コンサルタントとして活躍しました。

その著書『マーケティング原理』や『マーケティング・マネジメント』は、20カ国の言語に翻訳され、世界中のビジネスパーソンに読まれています。ビジネス書は社会情勢や経済環境の変化によって陳腐化することが多いのですが、**コトラーの著作はどんな時代にも通用する普遍性を持っています**。また先見性にも優れており、「マーケティング3.0」を説くなど、新しい時代に向けたマーケティング理論も積極的に提唱しています。その著作群には、初学者からプロのマーケターまで、何度も読み返したい知見が詰まっています。

コトラー以外にも、表にある提唱者の理論や手法がマーケティングの礎となっています。

主なマーケティング理論・手法とその提唱者

1898年	AIDA（P44）…セント・エルモ・ルイス
1924年	AIDMA（P46）…サミュエル・ローランド・ホール
1950年	プロダクト・ライフサイクル（P68）…ジョエル・ディーン
1956年	製品差別化・市場細分化（P76）…ウェンデル・スミス
1960年	4P、ターゲット・マーケティング（P30、P80）…E・ジェローム・マッカーシー
1961年	ダイレクト・マーケティング（P160）…レスター・ワンダーマン USP（P98）…ロッサー・リーブス DAGMAR 理論（P96）…ラッセル・H・コーリー
1969年	ハワード・シェス・モデル（P88）…ジョン・ハワード、ジャグディシュ・シェス
1970年代	プロダクト・ポートフォリオ（P62）…ボストンコンサルティンググループ
1977年	顧客満足度（P90）…ハント・キース
1980年代	ポジショニング（P82）…ジャック・トラウト、アル・ライズ
1981年 1983年	期待不確認モデル（P90）…リチャード・オリバー
1988年	SERVQUAL モデル（P146）…A・パラスラマンら
1991年	ブランド・エクイティ（P186）…デビッド・アーカー
1993年	ワン・トゥ・ワン・マーケティング（P162）…ドン・ペパーズ、マーサ・ロジャーズ
1996年	バイラル・マーケティング（P222）…スティーブ・ジャーベットソン
1997年	イノベーションのジレンマ（P114）…クレイトン・クリステンセン
1998年	CRM（P166）…アンダーセン・コンサルティング
2001年	バズ・マーケティング（P224）…ルネ・ダイ
2003年	ブランド・レゾナンス・ピラミッド（P190）…ケビン・レーン・ケラー ラテラル・マーケティング（P122）…フィリップ・コトラーら
2005年	ブランド・ポートフォリオ（P202）…デビッド・アーカー
2010年	O2O マーケティング（P244）…アレックス・ランペル
2011年	ゲーミフィケーション（P128）…ガートナー

1-04
マーケティングは進化する
時代とともに生活者の意識や価値観は変わっていく

▼モノ中心から生活者（顧客）中心に

マーケティングの研究がはじまったのは１９００年代初頭。モノを中心とした「マス・マーケティング」がアメリカから世界に広まりました。マス・マーケティングとは生活に必要なモノを大量生産し、マスメディアや交通広告で周知して購入を促す手法です。マス・マーケティングの時代は、コトラーにより「マーケティング１・０」と位置付けられました。

モノを中心としたマーケティングは１９９０年代に下火となり、「生活者（顧客）中心のマーケティング」に進化します。企業にすすめられたモノを生活者が消費する時代から、生活者がモノやサービスを選択する時代に入ったわけです。以後、**生活者が抱いている欲求やニーズに応える商品を開発するだけではなく、その販売方法や接客まで問われるようになりました。** 大勢の人々を対象にしていたマーケティング１・０の時代と比べて、市場は細分化され、広告やプロモーションにインターネットが活用されるようになります。コトラーがいう「マーケティング２・０」の時代に突入したのです。

マーケティングの進化の流れ

マーケティング1.0の時代

モノを中心としたマーケティング

・規格化された大量生産品を提供！

・モノを必要とする大勢の人が対象で、大企業が有利！

・広告やプロモーションはマスメディアと交通広告が中心！

↓ 進化!

マーケティング2.0の時代

生活者（顧客）中心のマーケティング

・生活者の欲求やニーズに沿ったモノ・サービスを提供!

・市場は細分化され、それぞれの市場で優位性のある商品が人気!

・広告やプロモーションに、ネットが活用されるようになった!

↓ 進化!

マーケティング3.0の時代

▼マーケティング3・0に突入

やがてマーケティングはさらなる進化を遂げ、現代はコトラーらが提唱した「マーケティング3・0」に突入しています。マーケティング3・0とは、「価値主導のマーケティング」を指します。その背景には、人々の生活に対する意識と価値観の変化があります。近年、インターネットの普及やソーシャルメディアの登場によって、人々の間で価値のあるモノやサービスの情報が簡単に共有されるようになりました。**企業が生活者をコントロールする時代は過ぎ去ったのです**。

生活者にとっての価値を第一に考えなければ、もはやモノやサービスは受け入れられません。単に良い商品を提供するだけでは、生活者の求める価値は十分に満たせないわけです。カギを握るのは、**現代の人々が持つ「協働志向」「文化志向」「精神重視」という3つの傾向です**。顧客自らがマーケティングに参画したり（協働志向）、文化に根ざした活動により自社の存在意義を高めたり（文化志向）、物質的充足だけでなく精神的充足を与えたり（精神重視）と、企業がモノやサービスを通して、よりよい社会をつくりあげていく姿勢が求められるようになったのです。

協働志向・文化志向・精神重視の3つの傾向に対し、「協働マーケティング」「文化マーケティング」「スピリチュアル・マーケティング」が打ち出され、これらが融合したものがマーケティング3・0と呼ばれています。

現代はマーケティング3.0に突入

マーケティング 3.0 とは…「協働マーケティング」「文化マーケティング」
「スピリチュアル・マーケティング」が融合したもの

マーケティング3.0を構成する要素

協働マーケティング

ブログやツイッター、フェイスブックなどのソーシャルメディアが登場し、社会に向けて個人が情報を発信したり、相互コミュニケーションをとる動きが活発化している。個人がソーシャルメディアを通してさまざまなことに関わる状況を受けて、マーケティング活動に生活者にも参画してもらう企業が増えてきている。

文化マーケティング

環境問題、地域社会にまつわる問題に関心を持つ層が増加している。同時に、地域の伝統文化やローカル性を大切にする人が増えている。そのような状況で、グローバル化を推し進めようとする企業やブランドに反感を覚える人も少なくない。国や地域への社会貢献性や地域に根ざした活動を念頭においたマーケティングが求められている。

スピリチュアル・マーケティング

時代とともに、人間がおこなう仕事のあり方も変化し、先進国ではクリエイティブ（創造的）な業務に取り組む人が増えてきている。こうした傾向とともに、生活者は物質的に満たされるだけではなく、精神的に満たされることも望むようになった。マーケティング活動にも、人の心に訴えかけられる要素が求められている。

1-05

マーケティングの前提となる４Ｐ

製品・価格・流通・プロモーションを熟慮する

▼マーケティングの手法を分類

マーケティングはさまざまな手法によって構成されています。その多様な手法を分類する方法として「４Ｐ」の概念があります。マーケティングにおける４Ｐとは、製品（Product）、価格（Price）、流通（Place）、プロモーション（Promotion）を指します。それぞれの頭文字がＰなので、４Ｐと呼ばれます。

それぞれの役割を簡単に整理してみましょう。生活者の潜在欲求や要望を汲み取って製品を開発する（Product）。その製品に市場で受け入れられる価格をつける（Price）。価格をつけた製品を適切な流通（販路や物流、販売場所）によって生活者のもとに届ける（Place）。販売促進などによって製品の存在を生活者に知らせる（Promotion）……といったように、４Ｐはマーケティングの流れのなかで、欠かせない要素です。

４Ｐは古い概念だと思われがちですが、**生活者を思考の中心において、各要素を熟慮することは、いまでもマーケティングの前提となっています。**

生活者を中心に4つのPを検討する

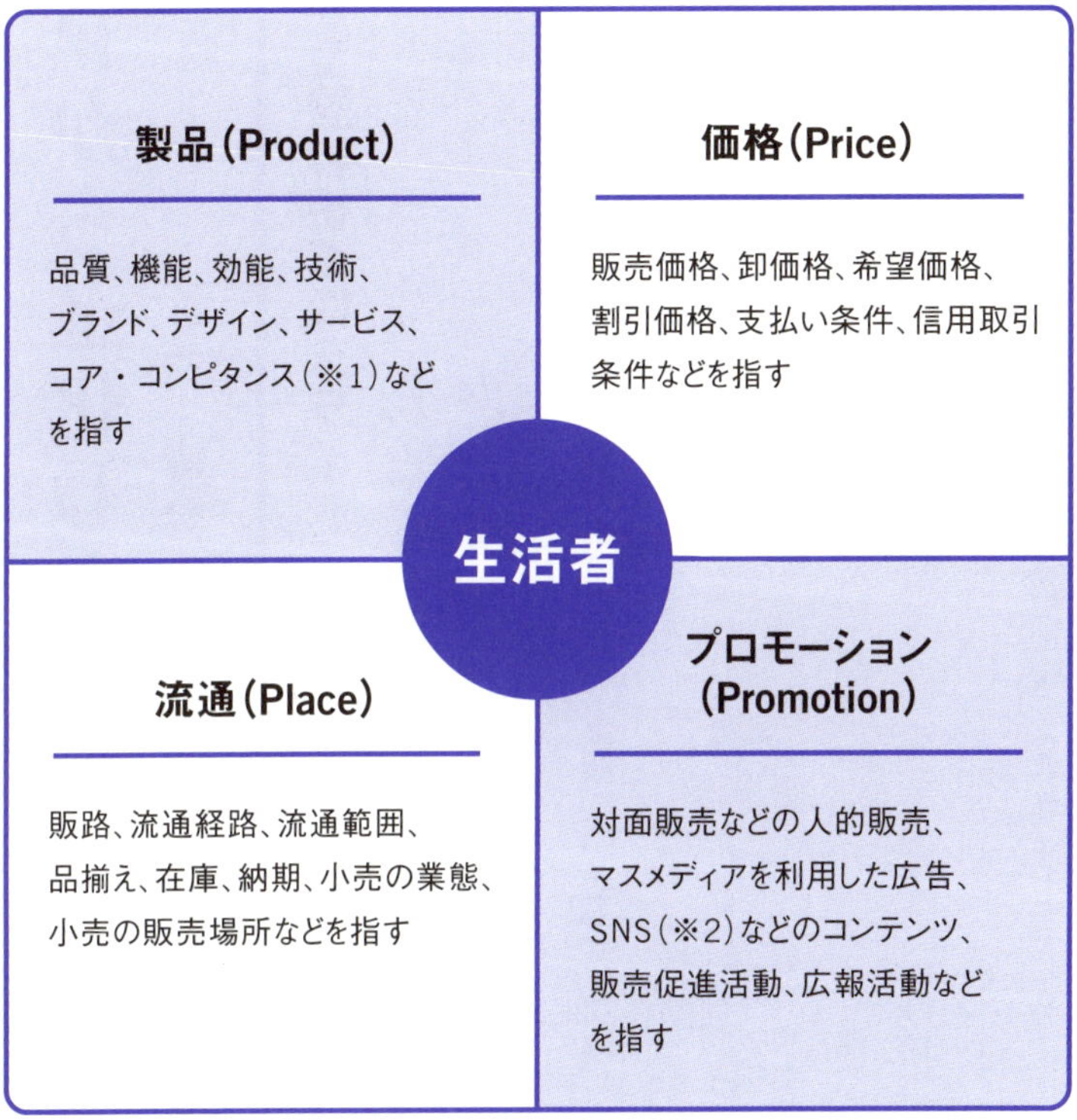
製品(Product)
品質、機能、効能、技術、
ブランド、デザイン、サービス、
コア・コンピタンス(※1)など
を指す
価格(Price)
販売価格、卸価格、希望価格、
割引価格、支払い条件、信用取引
条件などを指す
生活者
流通(Place)
販路、流通経路、流通範囲、
品揃え、在庫、納期、小売の業態、
小売の販売場所などを指す
プロモーション
(Promotion)
対面販売などの人的販売、
マスメディアを利用した広告、
SNS(※2)などのコンテンツ、
販売促進活動、広報活動など
を指す

(※1)顧客の利益となる技術・スキル・ノウハウなど

(※2)ソーシャル・ネットワーキング・サービスの略で、フェイスブックやツイッターが代表例

1-06 4Pから進化した4C

顧客の視点に立ったマーケティング理論

▼企業視点から顧客視点にスライド

４Ｐは１９６１年に提唱された概念で、企業側や売り手側の視点が色濃くあらわれています。26ページでも述べたように、時代が進むにつれ企業側や売り手側の論理だけでは、有効なマーケティングを展開していくのが難しくなってきました。そこで１９９０年に、**企業側や売り手側だけではなく、顧客の視点に立った新しい概念が登場しました**。それが４Ｃです。

４Ｃは顧客にとっての価値（Consumer Value）、顧客にかかるコスト（Cost）、顧客にとっての利便性（Convenience）、顧客との対話（Communication）という4要素で構成されています。そのすべてが顧客発想を核としています。

４Ｐと４Ｃの構成要素は、「製品」→「顧客にとっての価値」、「価格」→「顧客にかかるコスト」、「流通」→「顧客にとっての利便性」、「プロモーション」→「顧客との対話」といったように、それぞれ企業視点から顧客視点へとスライドさせることができます。

企業視点の4Pから顧客視点の4Cに

企業視点の4Pが…

製品 Product	価格 Price	流通 Place	プロモーション Promotion

顧客視点の4Cに!

顧客にとっての価値 Consumer Value	顧客にかかるコスト Cost	顧客にとっての利便性 Convenience	顧客との対話 Communication

4C を熟慮することで、顧客発想に沿った
モノ、サービスを生み出すことができる

顧客にとっての価値

その商品やサービスを購入することで、顧客にとってどのような価値があるのか?

顧客にかかるコスト

提供する商品やサービスで、顧客が金銭や時間を節約できたり、リスクを低減・回避することができるのか?

顧客にとっての利便性

顧客が商品やサービスを購入する場所の営業日や営業時間、注文方法などの利便性は高いか?

顧客との対話

顧客に商品やサービスを周知する方法、顧客からの問い合わせ等の対応に、どう取り組むべきか?

1-07

４Ｃと４Ｐを組み合わせてみよう

マーケティング・ミックスで効果を高める

▼まず顧客視点で検討し、自社の強みを加味していく

30ページで紹介した４Ｐは、もともとマーケティング・ミックスの構成要素のひとつです。マーケティング・ミックスとは、**マーケティングのさまざまな要素を組み合わせる**ことを指します。製品、価格、流通、プロモーションを組み合わせることで、マーケティングの深みが増し、より効果的なアプローチが可能になります。

４Ｐからのアプローチは、自社の都合ばかりを優先した発想になりがちです。そこで、まず顧客視点に立った４Ｃから検討を進め、そのあとに自社の強みなどを活かした４Ｐも加えて検討するアプローチ方法もあります。

４Ｐと４Ｃを念頭においてマーケティングを検討していけば、より精緻な内容になっていくでしょう。ただ、マーケティング・ミックスで検討するべき要素は、４Ｐと４Ｃがすべてではありません。４Ｐには後年、新たな要素が追加されましたが、優れたマーケターはこれらも含め、多種多様な発想を組み立ててマーケティングを設計します。

マーケティング・ミックスの手順例

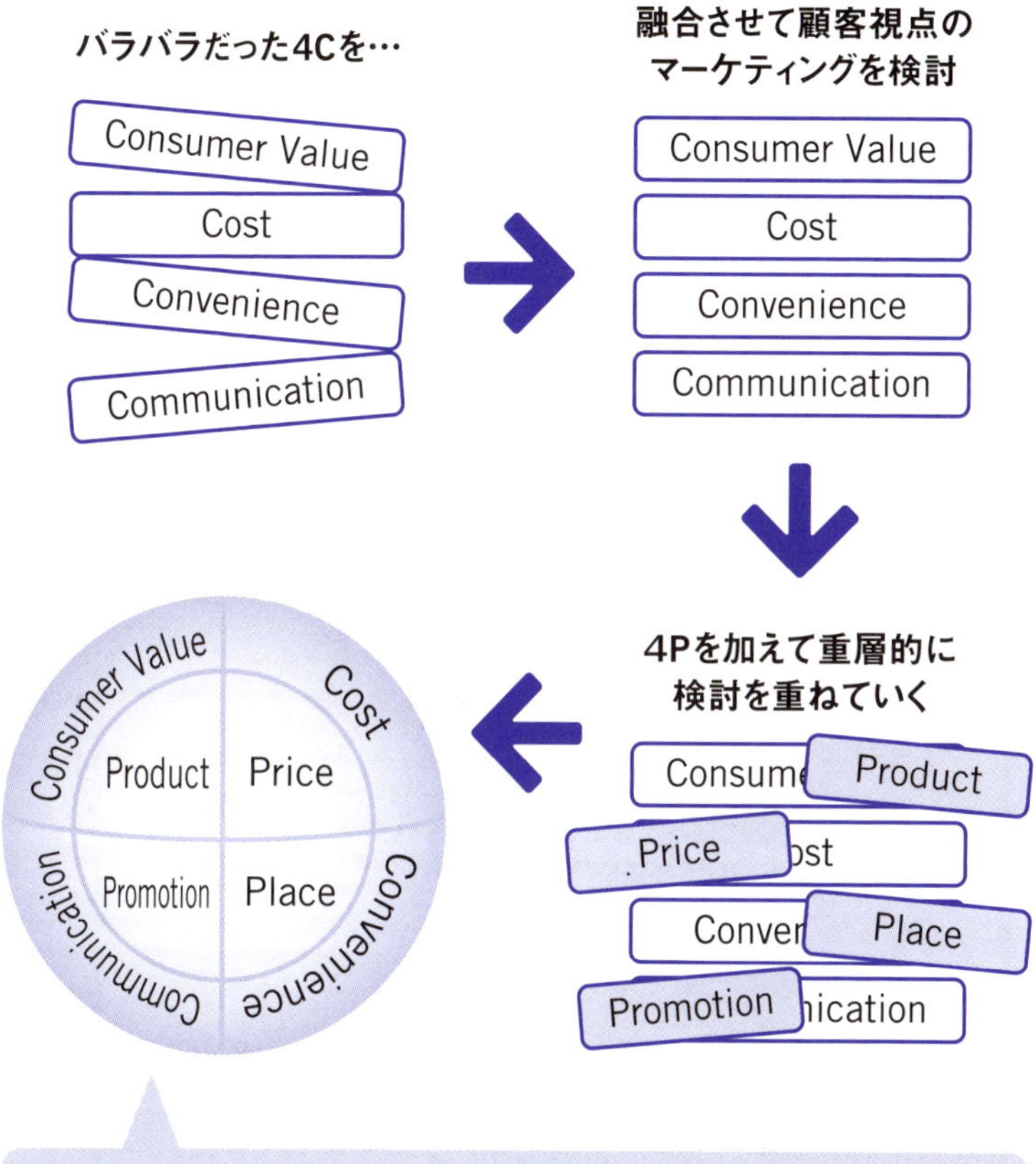

顧客視点の4C に、自社の強みが加味されたマーケティングが実現

column

マーケティングの専門書は時代の潮流をつかんでいる

ビジネスを取り巻く環境の変遷に呼応するように、マーケティングの新しい理論や手法が次々と登場してきました。新たにマーケティングを学ぼうとするときに、これまでは数多くの専門書を購入した人も多いと思います。それが今日、『コトラーのマーケティング3.0 ソーシャル・メディア時代の新法則』（朝日新聞出版）を最初に手に取る様を思うと、隔世の感があります。

同じコトラーの著書でも、いま30代の人は『コトラーのマーケティング入門』（丸善出版）が、はじめて読んだ専門書になるのかもしれません。もっと上の世代では、さまざまな版が出版されている『マーケティング・マネジメント』が入口になった人もいるでしょう。

こういったコトラーの著作に限らず、定評あるマーケティングの専門書は、時代ごとのビジネスの潮流をよくつかんでいます。

最新のマーケティング理論にふれるのもいいですが、マーケティング黎明期からの専門書を順にひもといていくと、マーケティングがどのように発展してきたのか、次代に向けてどのようなマーケティングが必要になってくるのかが見えてきます。

第2章

「市場の分析」と「自社の分析」

2-01

マーケティングに市場分析は必須

新たなマーケットを創出することができる

▼多種多様な市場が存在する

マーケティングは顧客の要望やニーズに応える商品を生み出すことができますが、そのためには、市場のことをよく知っておく必要があります。

マーケティングでいう市場とは、モノやサービスの売り手と買い手が集まって形づくられています。一口に市場といっても、その規模や切り口はさまざまです。たとえば、ＩＴ市場という大きなくくりがある一方で、それを細分化したプライベートクラウド市場があったり、あるいはシルバーマーケットと福祉用具市場といったように重なり合う分野で異なった切り口の市場が成立していたりと、市場の分類は無限にあると考えていいでしょう。また既存の市場だけではなく、**マーケティングによって新たな市場を創出することも可能です**。こうした市場の傾向や現状、そして未来を予測して、それぞれの市場で自社がどのような強みを持つのか、今後、どのような価値を提供できるかを分析することがマーケティングの第一歩です。

マーケティングが指す市場の意味

市場とは?

商品やサービス（売り手）＋ 顧客（買い手）

モノやサービスの売り手と買い手が集まって形づくられるのが市場

市場の中に市場がある

IT市場

プライベートクラウド市場

細分化された市場が存在

重なる市場

高齢者市場

健康食品市場

働く女性市場

健康食品市場は高齢者市場と働く女性市場が重なっている

新しい市場の創出

既存市場
PC市場

→

新しい価値
タッチパネルだけで直感的に操作できる

→

新市場
タブレット市場の誕生

既存商品に新しい価値を付加することで新市場を創出

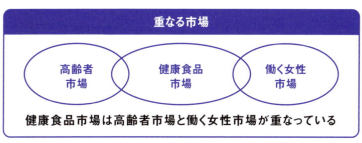

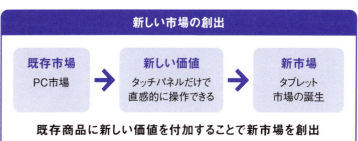

2-02

企業間で取引する市場もある

B2C市場とB2B市場、それぞれの特徴は？

▼どの市場でもマーケティングは不可欠

市場というと、企業が生活者にモノやサービスを売る場だとイメージする人が多いかもしれません。日々の暮らしのなかでは見落としがちですが、企業間で取引がおこなわれる市場もあり、生活者に向けた市場よりもかなり大きな規模を持っています。

企業と生活者で取引をおこなう市場を「B2C市場」といいます。一方、企業と企業が取引をおこなう場合は「B2B市場」と呼びます。

B2C市場は新規顧客を開拓したり、継続利用を促したりすることが主な戦略になります。大勢の人々を相手にするため、顧客の数や規模をつかんだり、継続的な利用を促したりするまでに、相当な時間と費用がかかります。この点でB2B市場は、中小の部品メーカーが、自動車メーカーに部品を供給するといった具合に、**顧客を明確に絞り込むことができ、また継続的な取引につながりやすい**という特徴があります。

どちらの市場もマーケティングが大切であることに違いはありません。

B2C市場の特徴

企業と生活者が主役

商品やサービスを提供 →

← 利用したサービスや購入した商品の対価を支払う

企業（Business）

生活者（Customer）

企業は顧客として想定した多数の生活者を相手にする

B2C市場の基本戦略

営業戦略

・新規顧客開拓営業
・リピーター獲得営業
※基本的に顧客数の拡大を図る営業活動が主流になる

市場のおもな特徴

・顧客は多人数
・企業は生活者からお金をもらう
・顧客基盤を作るのに費用と時間がかかる

マーケティング戦略

・マス・マーケティング
・ブランディング
※20世紀は大量生産、大量消費を促す戦略が主流だった

多売することが、企業の基本戦略

▼B2B市場では世界トップレベルの中小企業が多数存在

日本では長年、中小企業のモノづくりが発展してきましたが、活躍の場の多くはB2B市場で、世界でもトップシェアを獲得している日本企業が珍しくありません。自動車や家電といった巨大なB2B市場がある一方で、ニッチな企業間取引も膨大にあり、非常に多彩な取引がおこなわれています。

たとえば理容店や美容院に業務用品を販売したり、工場に設置された機械のメンテナンスサービスを提供したりと、業種ごとに市場があるといっても過言ではないでしょう。なかには、**あえて大企業が参入してこない市場を狙い、大きなシェアを獲得している**企業もあります。たとえば、廃業した店舗の厨房機器や備品を買い取り、新規に開業する人に販売する……という市場を開拓したテンポスバスターズは、全国に46カ所の店舗を展開しています（2014年現在）。

また、B2C市場からB2B市場に軸足を移す企業も少なくありません。かつてアメリカのゼネラル・エレクトリック（GE）は、不調だったコンシューマー（一般消費者）事業を切り離して、B2B事業に注力することで復活を遂げました。日本のパナソニックもプラズマディスプレーテレビを主力としたB2C市場から、自動車や航空、医療分野などを扱うB2B市場にシフトしつつあります。このように、日本の企業を対象にマーケティングを語るとき、B2B市場は外すことができません。

B2B市場の特徴

企業と企業が取引

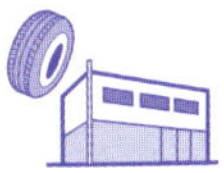

自社独自のタイヤを提供 →

← タイヤの代金を支払う

タイヤメーカー
(Business)

自動車メーカー
(Business)

B2B市場は特定の企業と企業が取引する市場

B2B市場での基本戦略

市場のおもな特徴

- 顧客は特定される
- 企業からお金をもらう
- 売り手には中小企業も多い
- 販促費や広告費がB2Cほどかからない

売り手企業の基本戦略

- 特定のニーズに応える強い技術の開発
- 自社技術を売り込める取引先の開拓
- 安定的な売上を実現

特定の技術を特定の企業に売る戦略が主流となる

●B2C、B2B以外の市場もある

B2G市場

企業が政府・地方自治体などに商品やサービスを売り込む市場

C2C市場

生活者と生活者が直接つながり、商品やサービスのやり取りをする市場

2-03

生活者の購買行動をつかもう

最初にモデル化されたAIDA

▼4つのステップを段階的に進めていく

どのような市場でも、モノやサービスを購入する側が、商品の存在を知らなかったり、買う気になっていなかったりすれば、当然ながら売れません。**生活者がモノやサービスを購入するまでに、どのような心理プロセスを経るかを分析し、購入を促す施策を検討する**ことが必要です。

生活者の心理プロセスを、最初にモデル化したのは「AIDA」の概念です。AIDAとは、顧客に注目してもらう（attention）、顧客に商品をアピールし、興味・関心を持ってもらう（interest）、顧客に商品を欲しくなってもらう（desire）、顧客に購買行動を起こしてもらう（action）という4つのステップの頭文字をとったものです。

顧客に注目してもらい、商品に興味を持ってもらうステップを踏まないと、商品を欲しくなり、実際に買ってもらうことは難しいでしょう。**生活者の心理プロセスに沿った4つのステップを段階的に踏まえていく**必要があるのです。

AIDAモデル

AIDAの概念

Attention 注目	Interest 興味	Desire 欲求	Action 購買行動
店頭やCMなどで見かけた商品に注目する段階	見かけて注目した商品に興味・関心を抱く段階	興味を抱いた商品に対し、購入したいという欲求を抱く段階	購入したいと欲求を抱いた商品を実際に購入する段階

生活者の購買行動モデルが存在しない時代

↓

企業は購買行動を無視して商品をアピール

↓

結果的に生活者の購買意欲を刺激できなかった

AIDAモデルが登場

↓

購買行動に即して、計画的に商品をアピール

↓

生活者の購買意欲を促す確率が上がった

2-04

生活者の記憶に残る施策を立てる

3つの感情段階があるＡＩＤＭＡ

▼高価な商品を買うときは、特に記憶が大切になる

ＡＩＤＡを発展させた概念にＡＩＤＭＡがあります。ＡＩＤＡのＤとＡの間にＭという文字が追加されていますが、このＭはmemory、つまり顧客の記憶をあらわしています。安価な商品など顧客がその場で購入を即決できるときは、記憶はさほど重要ではありませんが、高価な商品の購入をじっくり検討するときなどは、このＭが活きてくるのです。

たとえば自動車の購入を例にとると、まず生活者がテレビでコマーシャルを目にします（attention）。何度かコマーシャルが流されることによって、やがて興味や関心（interest）を持ち、その自動車が欲しいという欲求（desire）が生じるでしょう。繰り返しコマーシャルを見ることで、その欲求が記憶に残ります（memory）。欲求が生じた時点で購入を即決できなくても、記憶によって検討が重ねられることで、いずれは購買行動（action）に結びつくのです。interest、desire、memory の3要素は、**ＡＩＤＭＡの5要素のなかでも「感情段階」として分類され、生活者の購買行動の鍵を握る部分となっています。**

AIDMAモデル

Attention 注目　CMで見かけたワンボックスカーに注目する

↓

Interest 興味　家族で出かけるのに使い勝手が良さそうだと興味を持つ

↓

Desire 欲求　今年の夏、海に行くのに使いたいからこの車を欲しいと思う

↓

Memory 記憶
CMなどで注目し、興味を持って、購入したいと思った商品を記憶する段階

車の販売店に行ったらわかるように、CMの車種とメーカーを記憶する

↓

Action 購買行動　車の販売店で、お目当ての商品を購入する

購買行動を決定する３つの感情段階

Interest 興味 ＋ Desire 欲求 ＋ Memory 記憶 ＝ 購買を決定!

購買行動の鍵を握る「I」「D」「M」の３段階

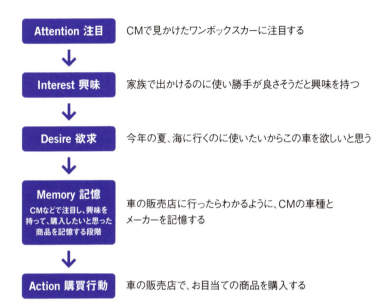

2-05

ネット時代の消費行動を分析する

「検索」と「共有」が追加されたAISAS

▼現代の消費行動の特徴とは？

ＡＩＤＭＡはインターネットが登場するまで長く活用されましたが、２００４年にさらに新しい概念を加味した「ＡＩＳＡＳ」が登場しました。ＡＩＳＡＳは電通が提唱したもので、注目（attention）、興味・関心（interest）、検索（search）、購入（action）、情報共有（share）の５つの頭文字から命名されています。ＡＩＤＭＡの desire と memory がなくなり、代わりに search が入っています。また action のあとに share が追加されている点も、ＡＩＤＭＡとは異なる特徴で、いずれもネット時代に即した要素です。

商品を購入する前に、パソコンやスマホで情報を検索する。商品を購入したあとは、ＳＮＳやブログに感想を綴った文章や、商品の利用シーンを撮影した画像をアップし、友人をはじめ多くの人たちと共有する。インターネットのなかった時代に登場したＡＩＤＭＡでは、こうしたネット時代特有の行動を説明するのが難しかったのですが、ＡＩＳＡＳによって新しい生活者の消費行動が明確に提示されました。

AISASモデル

Attention 注目	Interest 興味	Search 検索 商品情報をインターネットで検索	Action 購買行動	Share 共有 商品の感想や利用状況をインターネットで共有

新たに検索と共有が加わり、欲求が消えた消費モデル

AIDA、AIDMA、AISASの違い

●AIDA 消費行動を最初に概念化したモデル

Attention 注目	Interest 興味	Desire 欲求	Action 購買行動

●AIDMA 日本で一般化した消費行動モデル

Attention 注目	Interest 興味	Desire 欲求	Memory 記憶	Action 購買行動

●AISAS 2004 年以降に登場したネット時代のモデル

Attention 注目	Interest 興味	Search 検索	Action 購買行動	Share 共有

AIDMA ではネット時代特有の消費行動の説明が難しかったが、
AISASの登場で、新しい消費行動が明確になった

2-06

新商品が市場に浸透するプロセス

生活者を5つに分類するイノベーター理論

▼新商品に飛びつく人、敬遠する人

市場には日々膨大な商品が投入されていますが、とりわけ新しいサービスやモノは、生活者が受け入れるまでに、さまざまな傾向が見られます。新しいモノやサービスを、**すぐに試してみる人がいる一方で、なかなか受け入れない人もいるように、生活者によって反応が異なる**のです。マーケティングにはこういった顧客層の違いを分類する「イノベーター理論」という考え方があります。その分類は次の５つです。

①イノベーター……新商品が出ると、最初に購入する人々
②アーリーアダプター……流行に敏感な人々で、市場の拡大と商品普及の鍵を握る
③アーリーマジョリティー……平均的な人より早く商品を購入。②の影響を受けやすい
④レイトマジョリティー……多くの人が購入したあとに追随する
⑤ラガード……保守的で世間の動向やトレンドに疎く、新しい商品をあまり購入しない

左図のように、②と③の間のキャズム（谷）を乗り越えると、市場に浸透していきます。

イノベーター理論とキャズム

イノベーター理論

①イノベーター…革新者とも呼ばれる。全体の 2.5%を占める
②アーリーアダプター…初期採用者とも呼ばれる。全体の 13.5%を占める
③アーリーマジョリティー…初期多数採用者とも呼ばれる。全体の 34%を占める
④レイトマジョリティー…後期追随者（又は慎重派）とも呼ばれる。全体の 34%を占める
⑤ラガード…遅滞者とも呼ばれる。全体の 16%を占める

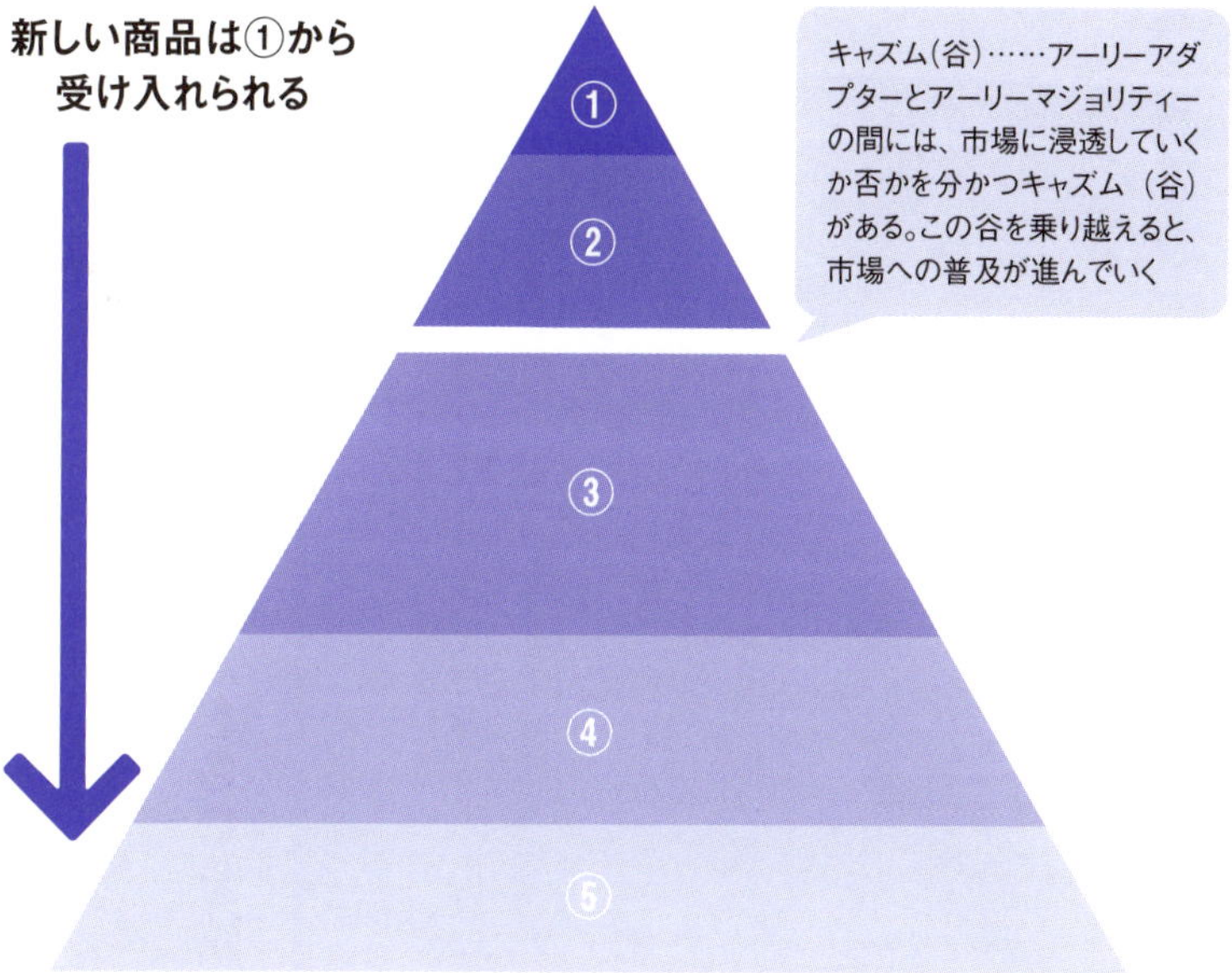
新しい商品は①から受け入れられる
①
②
③
④
⑤
キャズム（谷）……アーリーアダプターとアーリーマジョリティーの間には、市場に浸透していくか否かを分かつキャズム（谷）がある。この谷を乗り越えると、市場への普及が進んでいく

2-07

市場は顧客・競合・自社で分析

自社を取り巻く状況をつかむ3C分析

3つの視点で分析する

市場を分析する際には、自社を取り巻く状況を整理することが欠かせません。その手法のひとつに「3C分析」があります。3Cという名称は、顧客（customer）、競争相手（competitor）、自社（company）の頭文字からきています。

3つのCは、それぞれ次のような視点で分析できます。

①顧客分析……年齢や性別、所得などに代表される情報を参照しながら、購入頻度や購入場所、利用シーンなどを分析する

②競合他社分析……自社のモノやサービスと競合する商品を扱う企業の現状や、今後の動きを分析する。また、新たに参入してきそうな企業も分析に加える

③自社分析……自社の技術力や商品力などの社内資源と、市場シェアや知名度といった市場での位置付けの2つの方向から、自社の強み・弱みを分析する

これらを分析・把握することで、顧客、競合に対し自社が打つべき手が見えてきます。

市場調査の基本3C分析

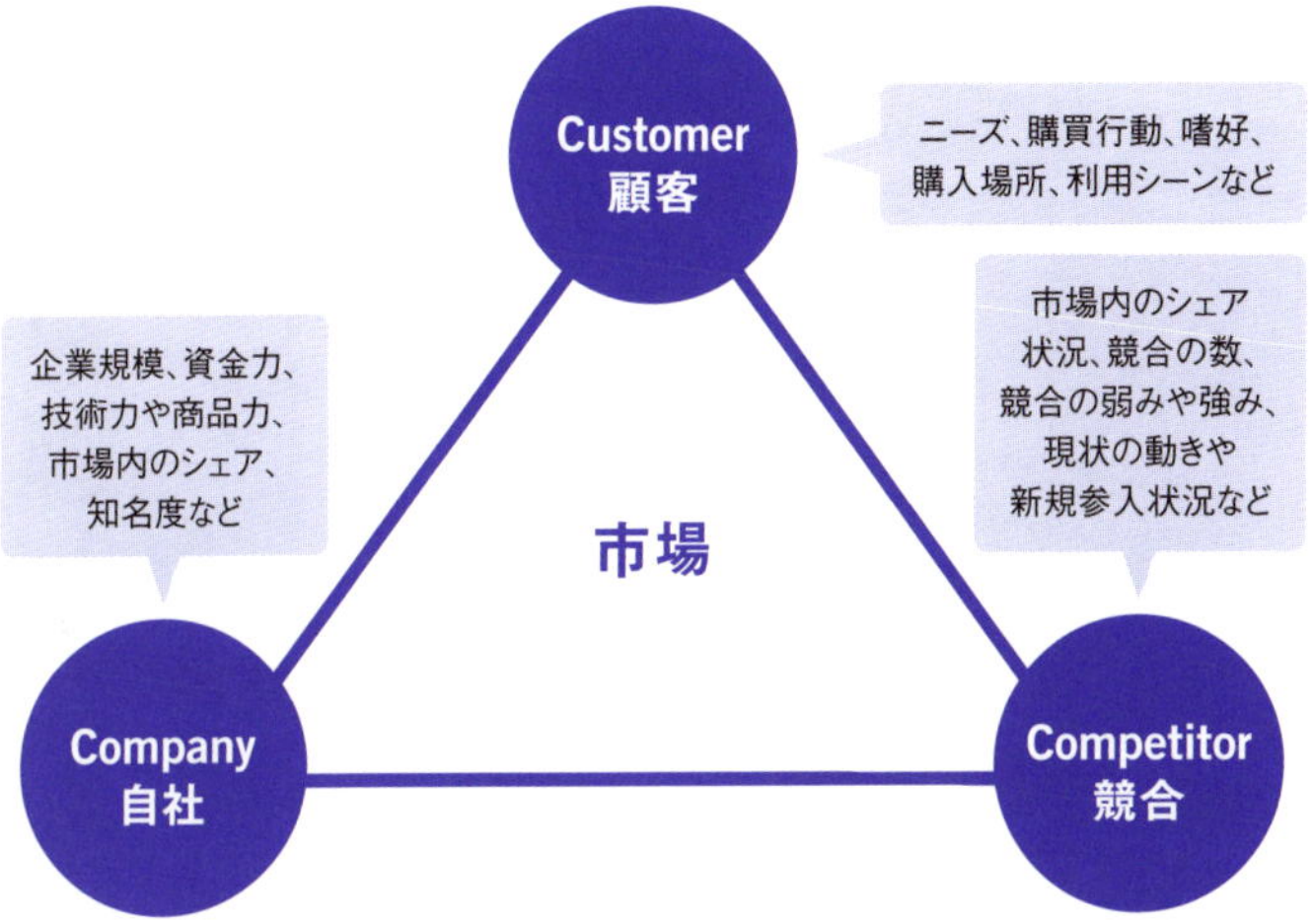

顧客分析	年齢や性別、所得などの情報をもとに、購入頻度や場所、利用シーンなどを分析することで顧客像を明確化
競合他社分析	自社のモノやサービスと競合する商品を扱う企業の現状や動きと、新規参入しそうな企業を分析
自社分析	自社の技術力や商品力などの社内資源と、市場シェアといった市場での位置づけから自社の強みや弱みを分析

3C分析を通して、自社の打つべき施策を明らかにする

2-08

市場で見逃しがちな難敵とは？

5F分析で自社にかかる圧力をあぶり出す

▼「代替品」や「売り手」にも要注目

3C分析では顧客や競合他社を分析しましたが、市場の分析対象はほかにもあります。「5F分析」では、自社を取り巻く5つの力（ファイブ・フォース＝5F）に着目します。

① いま存在する競合他社……同じ業界でモノ・サービスを提供する競合
② 新しく参入してくる競合他社……同じ業界に進出してくる競合
③ 代替品……自社提供の商品よりも高い魅力を持つ商品
④ 買い手……自社の商品から他社の商品へ切り換えようとする顧客
⑤ 売り手……商品をつくるときに必要な原材料を供給する仕入れ先など

①、②、④は3C分析でも注目度の高い要素ですが、③や⑤は見逃しやすいのではないでしょうか。良い商品を開発しても、新しく登場した代替品のほうが多機能だったり低価格だったりすると取って代わられます。また、原材料の高騰により、利益を確保するのが難しくなることもあります。こうした**5つの力が強いほど、厳しい市場だといえます。**

5F(ファイブ・フォース)分析

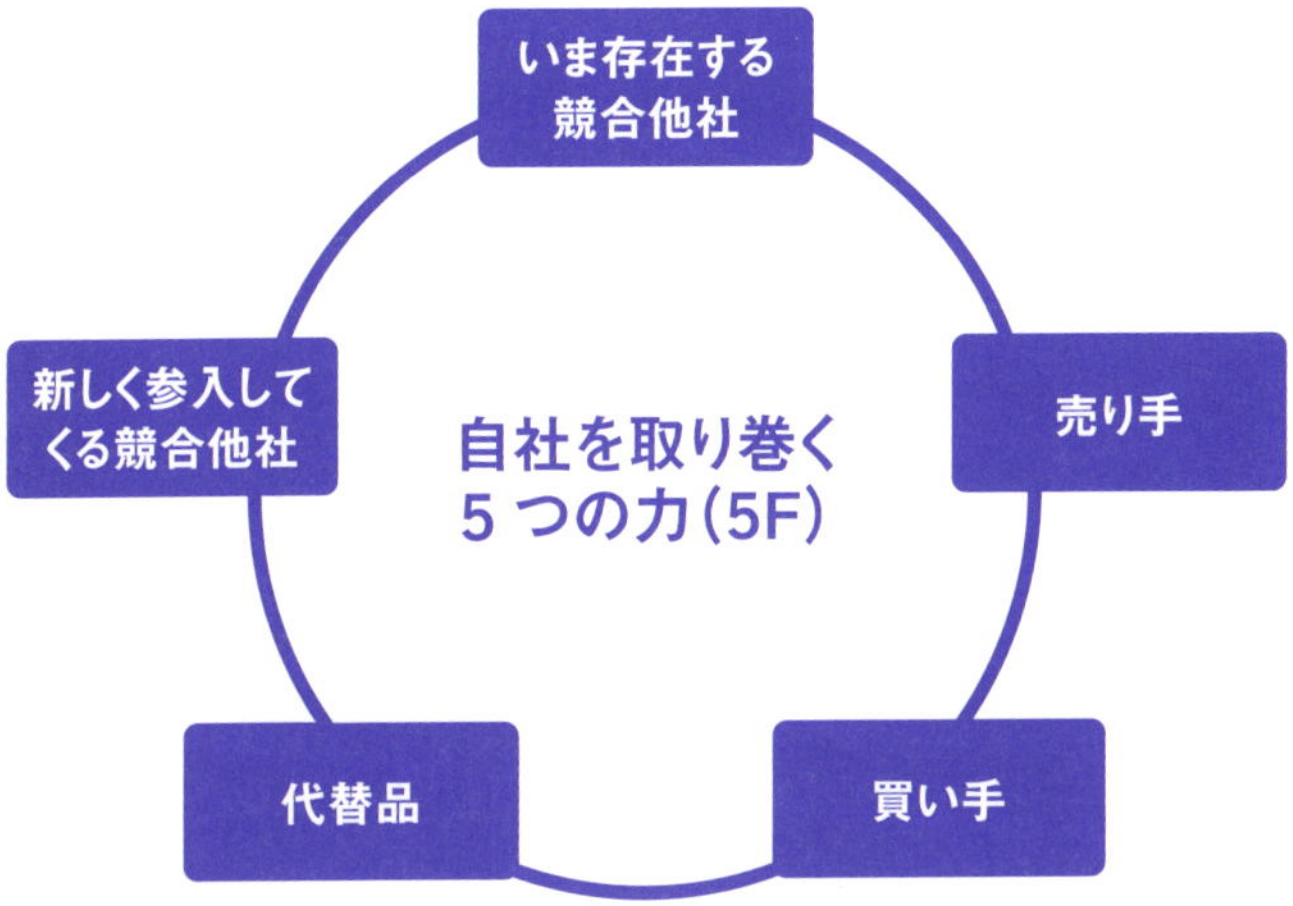

●5Fを分析し、自社の置かれた環境を把握する

いま存在する競合他社	同じ業界で自社と競合するモノ・サービスを提供する企業
新しく参入してくる競合他社	同じ業界に新規参入し、自社と競合するモノ・サービスを提供する企業
代替品	自社が提供する商品よりも高い魅力を持つ競合商品
買い手	自社の商品から他社の商品へと切り換えようとする顧客
売り手	商品をつくるときに必要な原材料を供給する仕入れ先など

2-09

政治や社会情勢も分析対象になる

新たな視点をもたらすPEST分析

▼政治・経済・社会情勢・技術に注目

自社を取り巻く環境をチェックするときには、政治や経済、社会情勢にも気を配ります。世の中の動きを分析するのに便利な手法として「PEST分析」があります。PEST分析は、政治や規制（politics）、経済（economy）、社会情勢（society）、技術（technology）の頭文字から名付けられました。

たとえば政治や規制では、近年でも薬事法の規制緩和で医薬品のネット販売が可能になり、市場が大きく広がった例があります。経済でも、アベノミクスによる景気の変動は、ビジネス環境に大きな変化を及ぼしました。社会情勢に目を向けても、少子高齢化や社会で働く女性が増えたことなど、市場分析で念頭に置くべき項目はたくさんあります。生活者の暮らしを変えるような技術革新にも注意を払うべきです。たとえば音楽のダウンロード販売が可能になったことで、CDの売り上げに大きな影響を与えました。このように**PEST分析は3Cや5Fとは違った角度から環境の変化を捉えることができます。**

世の中の動きを分析するPEST

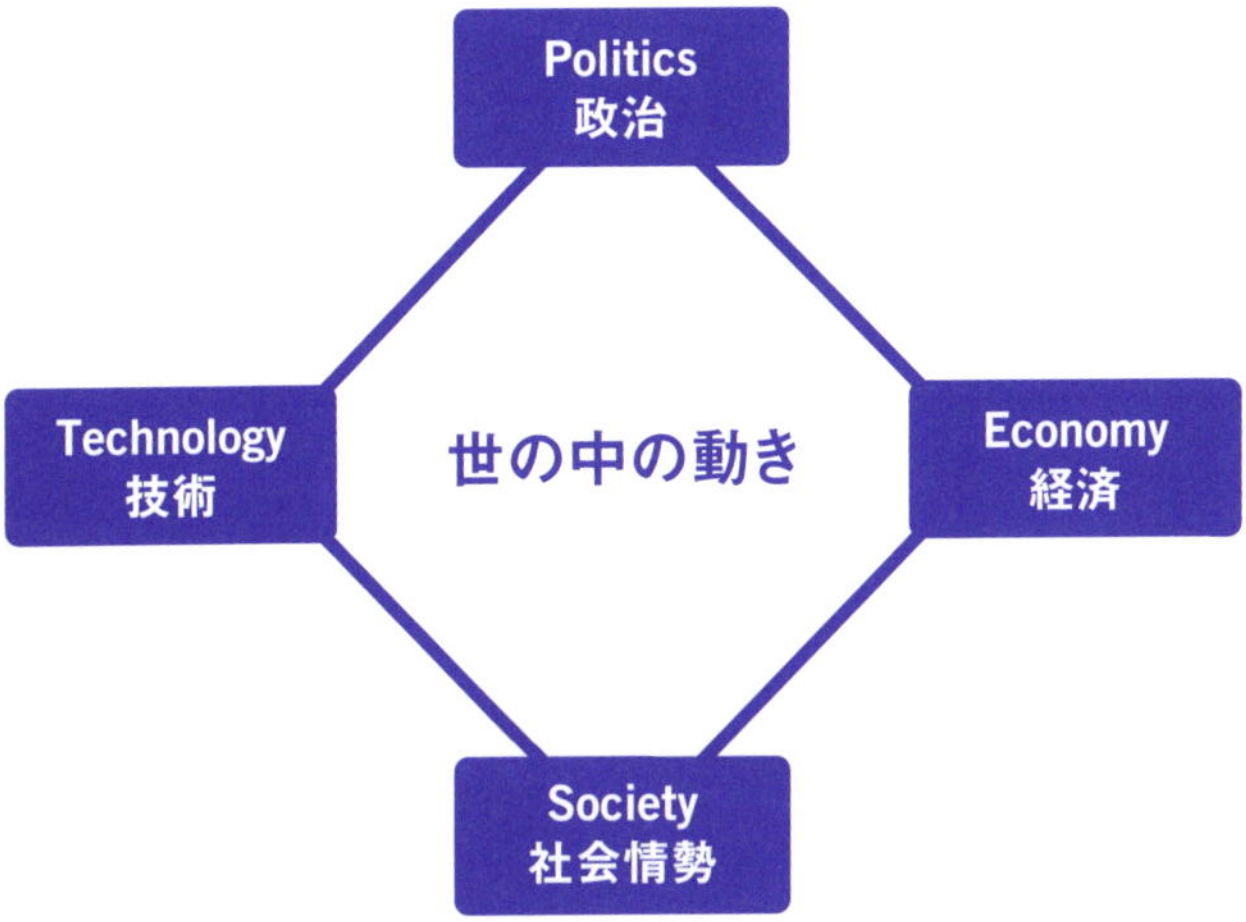

●PESTで分析するポイント

Politics 政治	自社が関係する法律や政策、税金制度、与党の政策、政府の外交政策など
Economy 経済	景気の波、金融政策、貿易政策、為替状況、株価、設備投資の傾向など
Society 社会情勢	人口減少、高齢化社会、人々の関心、事件・社会問題の状況、教育政策など
Technology 技術	技術革新の状況、電子マネーやダウンロード販売といった新しい技術の登場など

2-10

内部と外部の両面から分析する

強みと弱み、機会と脅威が見つかるSWOT分析

▼プラス面とマイナス面から4つの分析結果を得る

自社の分析では、**「内部環境」と「外部環境」の2つのアプローチからチェックすれば、それぞれのプラス面とマイナス面を整理しやすくなります**。

まずは内部環境において、プラス面とマイナス面の両面を考えてみてください。そこには、自社の「強み」と「弱み」があらわれます。たとえば、自社に「専門知識が豊富なスタッフがたくさんいる」という強みや、それゆえに「人件費がかさむ」という弱みです。

一方、外部環境でプラス面とマイナス面を考えると、事業を大きくする「機会」や縮小に追い込まれるような「脅威」が見えてきます。たとえば、プラス面では「扱う商品がブームになって顧客が増えそうだ」という機会が、マイナス面では「ブームに乗って大企業が参入してきそうだ」といった脅威が整理できます。

この分析手法を、強み（strengths）、弱み（weaknesses）、機会（opportunities）、脅威（threats）の頭文字をとって「ＳＷＯＴ分析」といいます。

SWOT分析で導き出す4要素

SWOT分析の手順

①内部環境からプラス面を考えると「強み」(strengths)がわかる

②内部環境からマイナス面を考えると「弱み」(weaknesses)がわかる

③外部環境からプラス面を考えると「機会」(opportunities)がわかる

④外部環境からマイナス面を考えると「脅威」(threats)がわかる

	プラス面	マイナス面
内部環境	強み (strengths)	弱み (weaknesses)
外部環境	機会 (opportunities)	脅威 (threats)

●強み・弱み・機会・脅威の例

強み(strengths)	弱み(weaknesses)
・良い人材が揃っている ・価値の高いブランドがある ・特殊な技術を持っている	・人件費が高い ・生産量が少ない ・広報活動のノウハウがない
機会(opportunities)	**脅威(threats)**
・扱う商品がブームになった ・メディアに紹介された ・交通インフラが整った	・原材料が高くなった ・類似品を扱う競合が出現 ・SNSで悪い評判が流れた

▼クロスSWOT分析で4つの戦略を編み出す

SWOT分析によって現状を整理するだけでは、まだ不十分です。分析結果をもとに、その対策も考えなければなりません。SWOT分析であぶり出された「強みと弱み」、「機会と脅威」から対策を導き出す手法を「クロスSWOT分析」といいます。

クロスSWOT分析では、内部環境から抽出した強み・弱みと、外部環境から抽出した機会・脅威をかけあわせます。

たとえば強み×機会で対策を考えると、専門知識が豊富なスタッフがたくさんいるという強みを活かし、ブームという機会に乗って出店攻勢をかける……といった具合です。強み×脅威では、ブームに乗って参入してきた競合他社の脅威を受けて、同じ土俵では勝負せず、より専門店的な展開で差別化を図る……といった対策を打ち出すことができます。弱み×機会の場合は、ブームに乗って利益率の高い新商品を投入することで人件費をカバーする。弱味×脅威では、競合他社の脅威を受けて規模を縮小することで人件費をカットする……といった対策が考えられるでしょう。

このようにクロスSWOT分析では、**強み×機会、強み×脅威、弱み×機会、弱み×脅威をマトリクスにして、4つの方向性の戦略を検討することができます**。強み×機会は「積極的攻勢戦略」、強み×脅威は「差別化戦略」、弱み×機会は「段階的施策戦略（弱点強化戦略）」、弱み×脅威は「専守防衛または撤退戦略」という位置付けになっています。

クロスSWOT分析で対策を打ち出す

クロス SWOT分析の手順

①強み × 機会で「積極的攻勢戦略」を打ち出す

②強み × 脅威で「差別化戦略」を打ち出す

③弱み × 機会で「段階的施策戦略(弱点強化戦略)」を打ち出す

④弱み × 脅威で「専守防衛または撤退戦略」を打ち出す

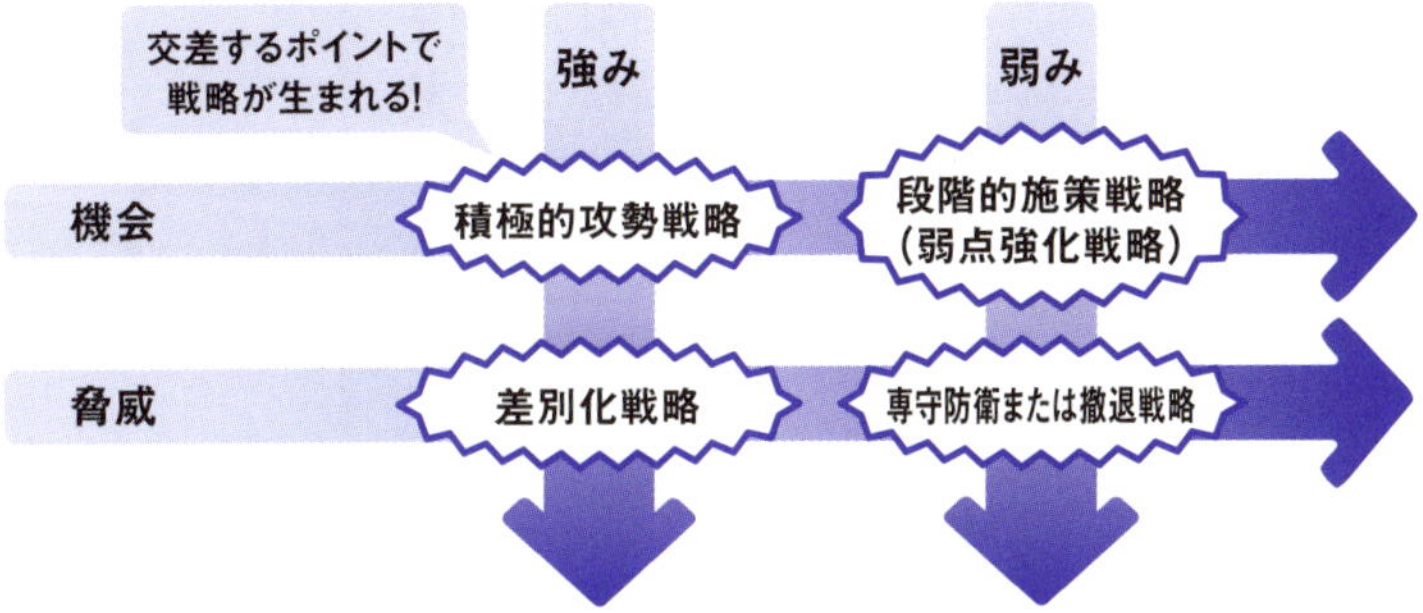

●4つの戦略の特色

積極的攻勢戦略 自社の強みを活かし、事業の機会を積極的に取り入れていく	**差別化戦略** 自社の強みを活かし、脅威に対する差別化策を探る
段階的施策戦略(弱点強化戦略) 自社の弱みを改善しながら、機会を活かす方法を探る	**専守防衛または撤退戦略** 弱みと脅威に対し、守りを固めるか、撤退するかを検討する

2-11

市場成長率とシェアに注目しよう

プロダクト・ポートフォリオで評価する

▼「金のなる木」から「負け犬」まで、さまざまな特徴がある

多種多様な市場があるなかで、自社の事業や製品がどの領域で力を発揮し、どう発展していくかを分析することは非常に重要です。自社の事業や製品を分類し、評価していく方法として「プロダクト・ポートフォリオ」があります。

この手法では、「市場成長率」の高・低と、「市場シェア」の高・低によって事業や製品を分類していきます。その分け方は「市場成長率が高くて市場シェアが高い＝花形事業」「市場成長率が高くて市場シェアが低い＝問題児」「市場成長率が低くて市場シェアが低い＝負け犬」「市場成長率が低くて市場シェアが高い＝金のなる木」の４種類となっています。

「花形事業」は市場の成長にあわせて投資が必要な事業、「問題児」は市場の成長にあわせた投資が必要ですが、追加投資か撤退かの判断も必要な事業、「負け犬」は撤退したほうがいい将来性のない事業、「金のなる木」は追加投資をしなくても収益があがる事業などと位置づけられます。この４種類の特徴から、市場での戦略を導き出します。

プロダクト・ポートフォリオ

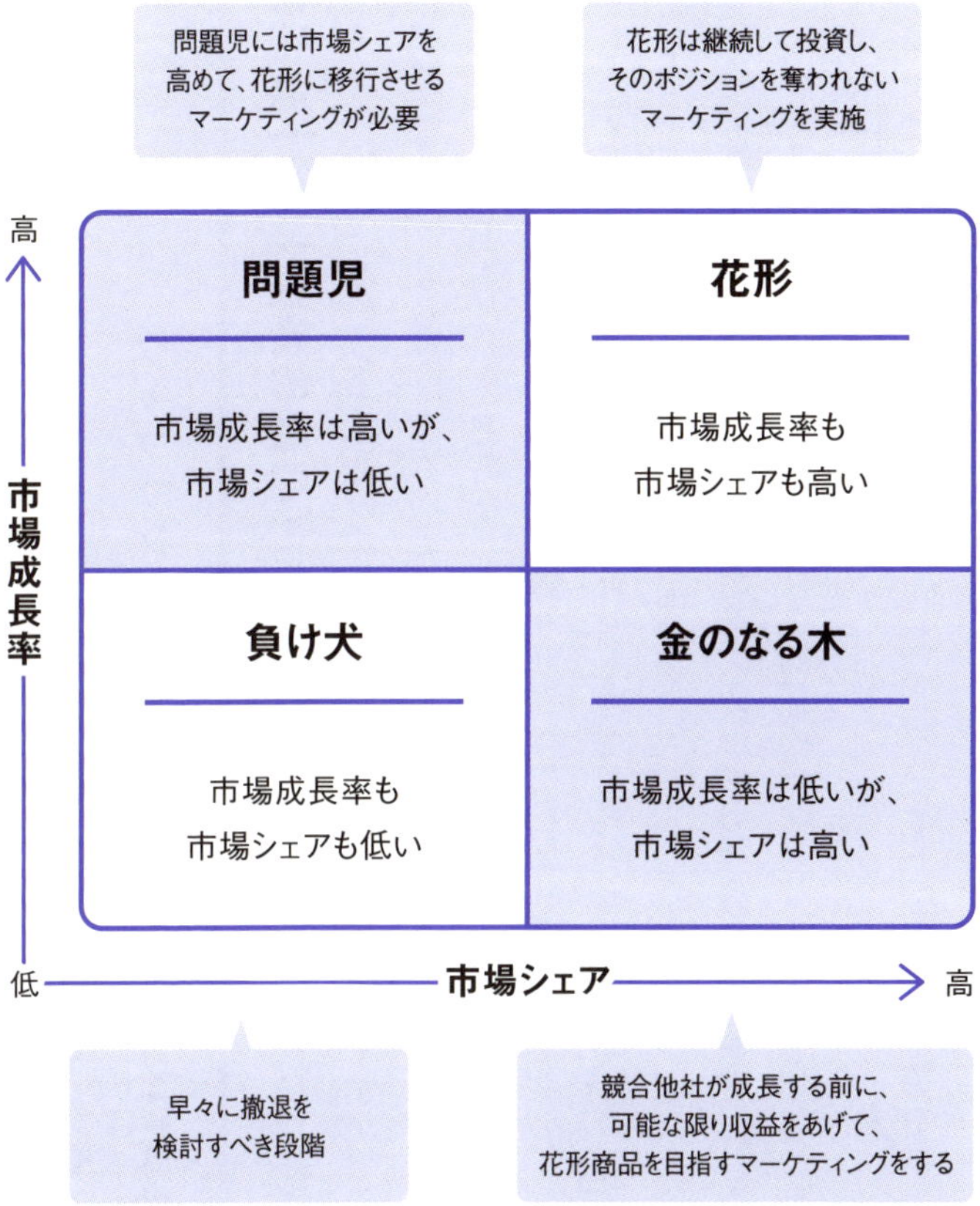
問題児には市場シェアを
高めて、花形に移行させる
マーケティングが必要
花形は継続して投資し、
そのポジションを奪われない
マーケティングを実施
高
市場成長率
低
問題児
市場成長率は高いが、
市場シェアは低い
花形
市場成長率も
市場シェアも高い
負け犬
市場成長率も
市場シェアも低い
金のなる木
市場成長率は低いが、
市場シェアは高い
市場シェア
高
早々に撤退を
検討すべき段階
競合他社が成長する前に、
可能な限り収益をあげて、
花形商品を目指すマーケティングをする

自社商品の方向性を決めるのに役立つ分析

2-12

市場シェアから自社の戦略を練る

クープマンモデルをマーケティングに活用する

「弱者の戦略」と「強者の戦略」

マーケティングには、市場シェアというキーワードが頻繁に登場しますが、その活用は1940年代にはじまりました。第二次大戦中、コロンビア大学の教授だったバーナード・クープマンらが、軍事理論として有名な「ランチェスターの法則」をもとに、軍事シミュレーションモデル「クープマンモデル」を編み出したことからはじまります。

クープマンモデルはマーケティングの分野にも応用され、「弱者の戦略」と「強者の戦略」が登場しました。弱者の戦略は、いわゆる差別化戦略のことです。市場シェアが低くても、**1つの分野に注力すると、他社とは違う魅力を生み出せる場合があります**。一方「強者の戦略」は、いわゆる追随戦略です。競合他社と同種のモノ・サービスを市場に投入し、強力にシェアを拡大していきます。

大企業が手がけないニッチな分野を中小企業が狙うなど、企業の規模や市場シェアによって、さまざまな競争ができるわけです。

クープマンモデルの戦略

弱者の戦略

弱者は経営資源を一点に集中し、強者にはないニッチ商品で市場の認知度を高め、シェアを獲得していく

事業1
事業2　事業3
事業4　事業5
事業を細分化する

→

事業1に集中
特定事業に集中し、差別化を図る

→

1点突破で、強者の市場シェアに風穴を開ける!

差別化が基本

強者の戦略

強者は、弱者のヒット商品と同性能の商品を販売し、弱者よりも広範囲に企業規模を活かした競争をおこなう

A社の新商品がヒット

→

自社も同じような新商品を発売

→

圧倒的市場シェアと企業規模を活かした価格競争力で、市場シェアを維持

強みの拡張が基本

番外編　2番手の戦略

2番手はトップと競えるように、3番手以下のシェアを奪いながら成長することを視野に入れてマーケティングを実施していく戦略が有効

7つの目標値から展望を描く

その後、クープマンモデルはさらに発展し、市場シェアにおける7つの目標値として整理されました。自社の事業や製品が①から⑦にあてはまるか、チェックしてみてください。

①独占的市場シェア（73・9%）……市場を絶対的におさえている状態

②相対的安定市場シェア（41・7%）……複数の企業でシェアを争ってはいるが、よほどのことがなければトップを奪われない状態

③市場影響シェア（26・1%）……頭ひとつ出ているが、逆転される可能性も高い状態。2位以下でこのシェアを獲得している場合は、トップを狙える位置だといえる

④並列的競争シェア（19・3%）……いくつかの企業で市場シェアが拮抗しており、安定的な立場の企業が存在していない状態

⑤市場認知シェア（10・9%）……その市場に企業が存在していることを、生活者が自力で思い出せるレベル。競合他社からも認知されている

⑥市場存在シェア（6・8%）……市場でなんとか存在できている状態。生活者はヒントがなければその存在を思い出せないレベル

⑦市場橋頭堡シェア（2・8%）……足がかり（橋頭堡）を築いたばかりの状態。弱者の戦略はここから可能になる

市場におけるシェアを把握して、それぞれの目標値に応じた展望を描くことが必要です。

クープマン目標値

市場シェアの目安を作ったクープマンの目標値!

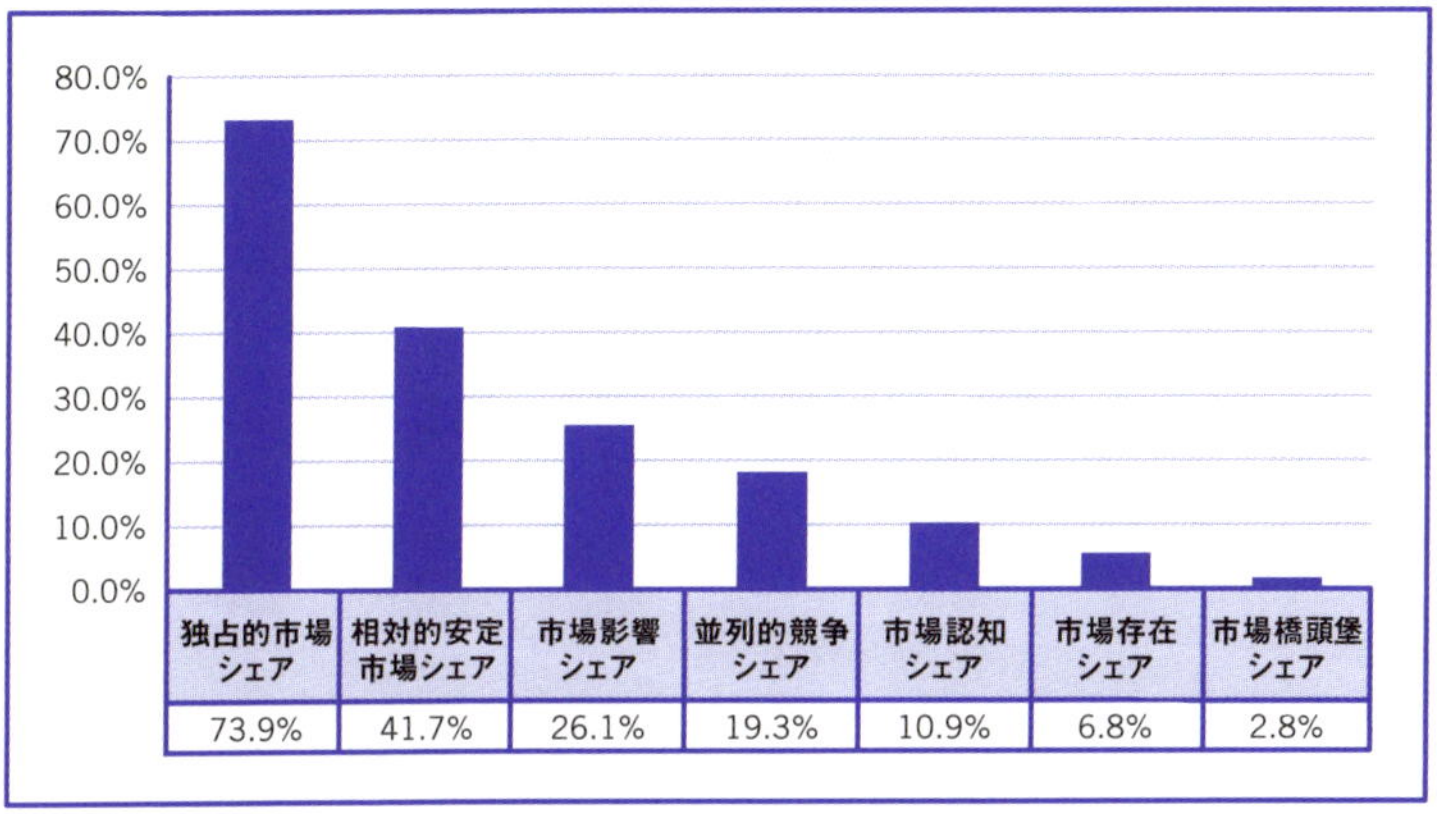

●企業は自社の市場シェアをもとに戦略を練ることが可能になった

独占的市場シェア	市場を絶対的に支配しているシェア。強者の戦略を展開して、この地位を保持する
相対的安定市場シェア	複数の企業でシェアを争ってはいるが、トップの座は安定的
市場影響シェア	トップをとっているが、逆転される可能性がある状態。2位以下ならトップも視野に入る
並列的競争シェア	いくつかの企業で市場シェアを分け合い、安定的な立場の企業がない状態
市場認知シェア	生活者がその企業のことを自分で思い出せる程度のシェア。競合他社からは認知済み
市場存在シェア	市場でなんとか存在できている程度のシェア。生活者もその企業を忘れがち
市場橋頭堡シェア	まだ足がかり(橋頭堡)ができたばかり。弱者の戦略はここからはじめる

2-13

商品の寿命を意識する

人間と同じようにライフサイクルがある

▼商品寿命は導入期・成長期・成熟期・衰退期の4段階に分類する

市場に投入した商品は、常に同じような売上や利益をあげられるわけではありません。人間が幼少期や青年期、壮年期、老年期と歳を重ねていくように、商品にもライフサイクルがあります。これを「プロダクト・ライフサイクル」と呼び、商品を「導入期」から「成長期」「成熟期」そして「衰退期」の4段階で捉えます。その間、売上や利益は左ページの図のような変化を辿ります。

導入期には認知度を高めるために先行投資が必要になります。まだ購入してくれる顧客が少ないため、どうしても売上は低くなります。成長期に移行すると、商品を認知してくれる生活者が増え、売上は向上します。成熟期は、その商品のトップメーカーの座を確保していれば、売上がピークになる時期です。一方で、売上の伸びが鈍化するのもこの頃です。そして衰退期は、市場に同じような商品が飽和することにより、需要が落ち込む時期です。こうなる前に、商品をリニューアルする必要があるわけです。

プロダクト・ライフサイクル

商品の売上と利益はグラフのように推移する

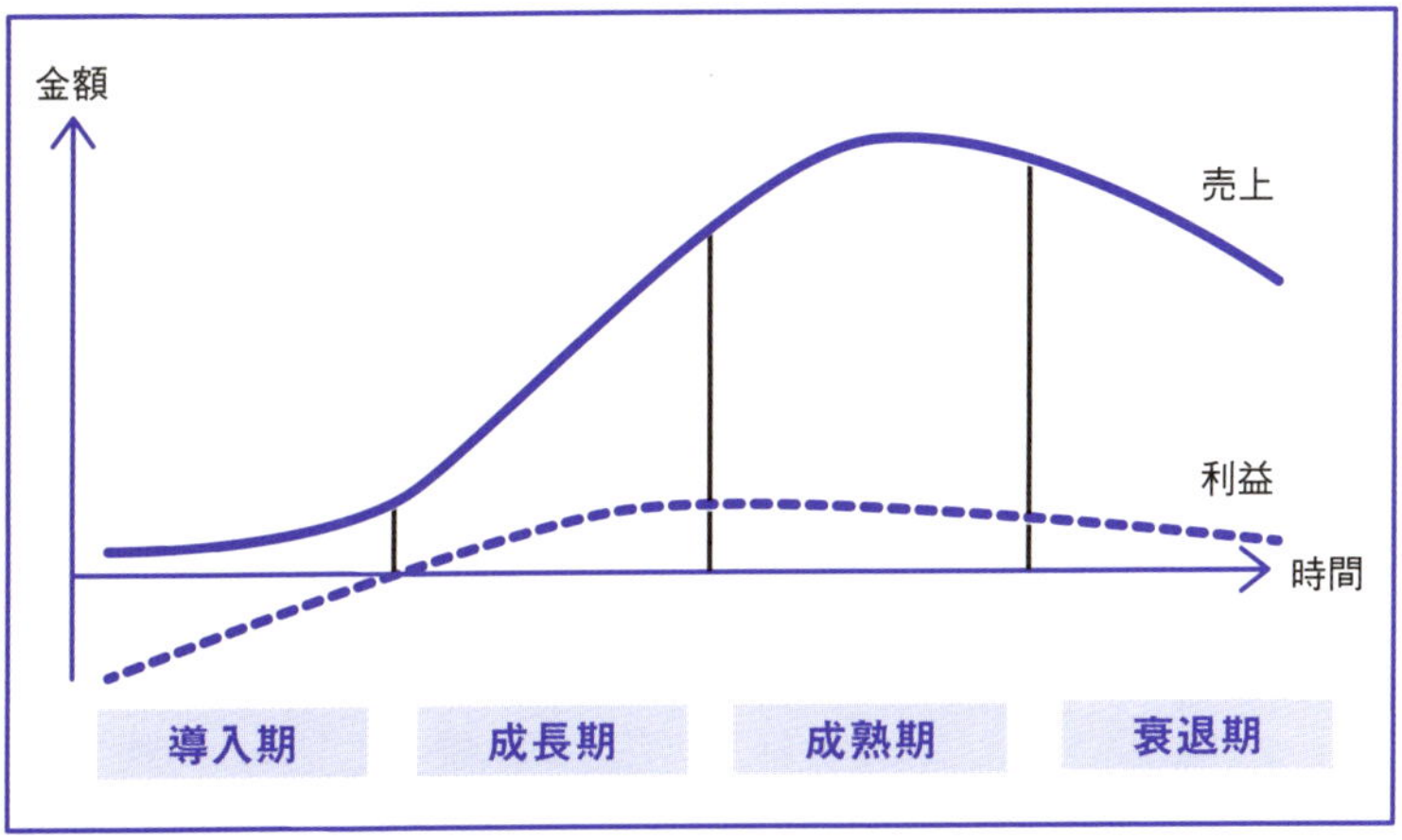

導入期

売上は少しずつ増えるが、
先行投資がかさんで利益はあがらない

成長期

商品の認知度が高まるにつれ、
売上と利益はともに高まっていく

成熟期

売上はピークになっても、競合品の
値下げなどで利益はダウン

衰退期

市場で商品が飽和状態になり、
売上も利益もともに下降していく

それぞれの時期に応じたマーケティング活動が大切!

▼導入期と成長期は商品の周知と競争力のアップが必須

導入期から衰退期まで4段階の時期には、それぞれクリアするべき課題があります。まず導入期と成長期の課題と対策を見ていきましょう。

導入期は、いかに生活者に新商品を知ってもらうかが重要です。広告や販売促進といったプロモーション活動は欠かせません。たとえば**トヨタ自動車のプリウスは、地球温暖化対策をはじめ環境への関心が高まるなかで、大規模な広告展開をおこないました**。プリウスが発売されたのは1997年の10月。地球温暖化防止京都会議で京都議定書が採択された時期と一致します。同社は「地球環境問題に積極的に取り組んでいる」という企業イメージを育て、以後もハイブリッド技術を活かした製品を市場に投入していきます。ただ、ハイブリッド市場を創造するまでには15年もの月日がかかっており、導入期におけるマーケティング活動の手間と費用の大きさを物語っています。

成長期においては、競合他社の存在を意識しなければなりません。競争に負けないためには、生産効率や販売効率を高めることが必須条件になります。価格競争に陥らないために、商品自体の魅力をアップさせることが大切です。また、コンビニのシェア争いが激化するなかで**日本発のコンビニエンスチェーンとしてはじめて海外進出を果たしたファミリーマートのように、事業エリアを拡大する**方法もあります。同社は地元のパートナー企業と組んでローカライゼーションを進めて、魅力ある店舗づくりや品揃えを進めました。

▼成熟期と衰退期は新市場の開拓や商品の再活性化が重要

いよいよ成熟期を迎えると、既存顧客からのリピート購入に加え、買い換え需要を見越した商品リニューアルや、新たな市場の開拓といった検討が必要になります。ここでは、**ベビー用品の開発ノウハウを活用して高齢者市場を切り拓いたピジョン**の取り組みが参考になります。哺乳関連用品やスキンケア用品、離乳食関連用品などの分野で定評のある同社ですが、少子高齢化を見越して1975年には高齢者分野への進出を着手しています。これは、子育てを通してピジョンの商品に親しんだ生活者が、育児を終えたあとに高齢者向けの商品を活用する……というライフタイムバリュー（顧客の生涯価値）を高めることにもつながっていきます。

衰退期には、新技術や新機能を搭載した商品で新たな市場を狙うほか、工夫次第で商品の寿命を延ばしたり、活性化させたりすることも可能です。居酒屋を利用する若者たちのなかに**ウイスキーの味を知らない人が増えるなか、改めてハイボールのおいしい飲み方を提案したサントリー**の取り組みが象徴的です。それまでは水割りで飲むのが一般的でしたが、ビールのように最初の一杯としてさわやかに味わえ、料飲店で食中飲料としても楽しめるハイボールに注目したのです。ハイボール自体は古くからあった飲み物ですが、改めておいしい飲み方を考案し、テレビ広告やネットを活用した双方向コミュニケーションで広く展開。20年以上も低迷したウイスキーの販売量を大きく回復させました。

column

AIDAに「確信」を加えたAIDCAという心理プロセス

日本で発刊されたマーケティングの専門書を見ると、AIDMAに大きなページ数を割いているものが少なくありません。逆にアメリカでは、AIDMAよりもAIDAのほうが評価されています。

AIDMAの概念は1924年に発表されましたが、AIDAはさらに歴史が古く、1898年には提唱されたといわれています。AIDAが生活者の心理プロセスをはじめてモデル化した概念であることは、間違いありません。

AIDMAはAIDAが発展した概念というイメージを持っている人も多いと思いますが、じつはAIDA自体もアメリカの応用心理学者E.K.ストロングによって修正されています。日本ではあまり知られていませんが、AIDAにCを加えたAIDCAという概念があります。Cが意味するのは「conviction＝確信」です。行動をする前には、確信が必要だからです。

マーケティング黎明期から存在する概念は、ネット時代にAISASが登場してからも、軽視できません。むしろ、マーケティングの基本として、押さえておきたい概念です。

第３章

マーケティングの基本戦略

3-01
マーケティングの大前提・ＳＴＰ
押さえておきたい３つのステップ

▼セグメンテーション・ターゲティング・ポジショニング

マーケティングの基本概念として、最初に押さえておきたいのが「ＳＴＰ」です。ＳＴＰとは、セグメンテーション（segmentation）、ターゲティング（targeting）、ポジショニング（positioning）の頭文字をとった言葉で、それぞれ次のような意味があります。

①セグメンテーション……市場を細分化する
②ターゲティング……①で細分化した市場のなかから、自社の事業や商品に最適な市場や顧客を特定する
③ポジショニング……②で特定した市場や顧客に対し、自社の事業や商品がどのような位置付けになるかを決める

この３つのステップを踏まないと、広大な市場で自社の事業や商品をどのように展開していけばいいのか、皆目見当がつかないはずです。34ページで紹介した**マーケティング・ミックスを実行する際も、まずＳＴＰをおこなうことが前提になります。**

なぜSTPが必要なのか?

すべてのニーズに応えることはできない!

↓

対象を絞る必要がある

↓

STPがマーケティングの基本になる!

STPプロセスの流れ

S	STEP1 セグメンテーション	市場を細分化する
T	STEP2 ターゲティング	最適な市場や顧客を特定する
P	STEP3 ポジショニング	市場内での位置付けを決める

↓

このステップでマーケティング戦略の大枠を決定する!

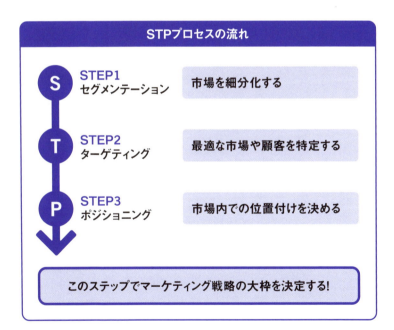

3-02

① 市場を細分化してみよう

セグメンテーションの基本

▼地理や人口動態など切り口はさまざま

一口に「市場を細分化する」といっても、その切り口はさまざまです。地域で分けることもあれば、年齢層で分けることもあります。とくに消費財や耐久消費財は、次のような4つの視点で分けると、整理しやすいでしょう。

①地理的細分化……国内・国外といった国で分けたり、関東か関西かといった地域で分けたりするほか、都市の規模や人口密度、気候の違いなども切り口になります。

②人口動態的細分化……年齢や性別、所得、職業などのほか、結婚しているか独身かといったライフステージも切り口になります。

③サイコグラフィック（心理的要因）的細分化……顧客層の価値観やライフスタイル、パーソナリティを調査した結果を切り口にします。

④行動による細分化……生活者が製品を買うときの状況や、製品やサービスに求めるもの、商品に対する愛着などを切り口にします。

セグメンテーションの手法

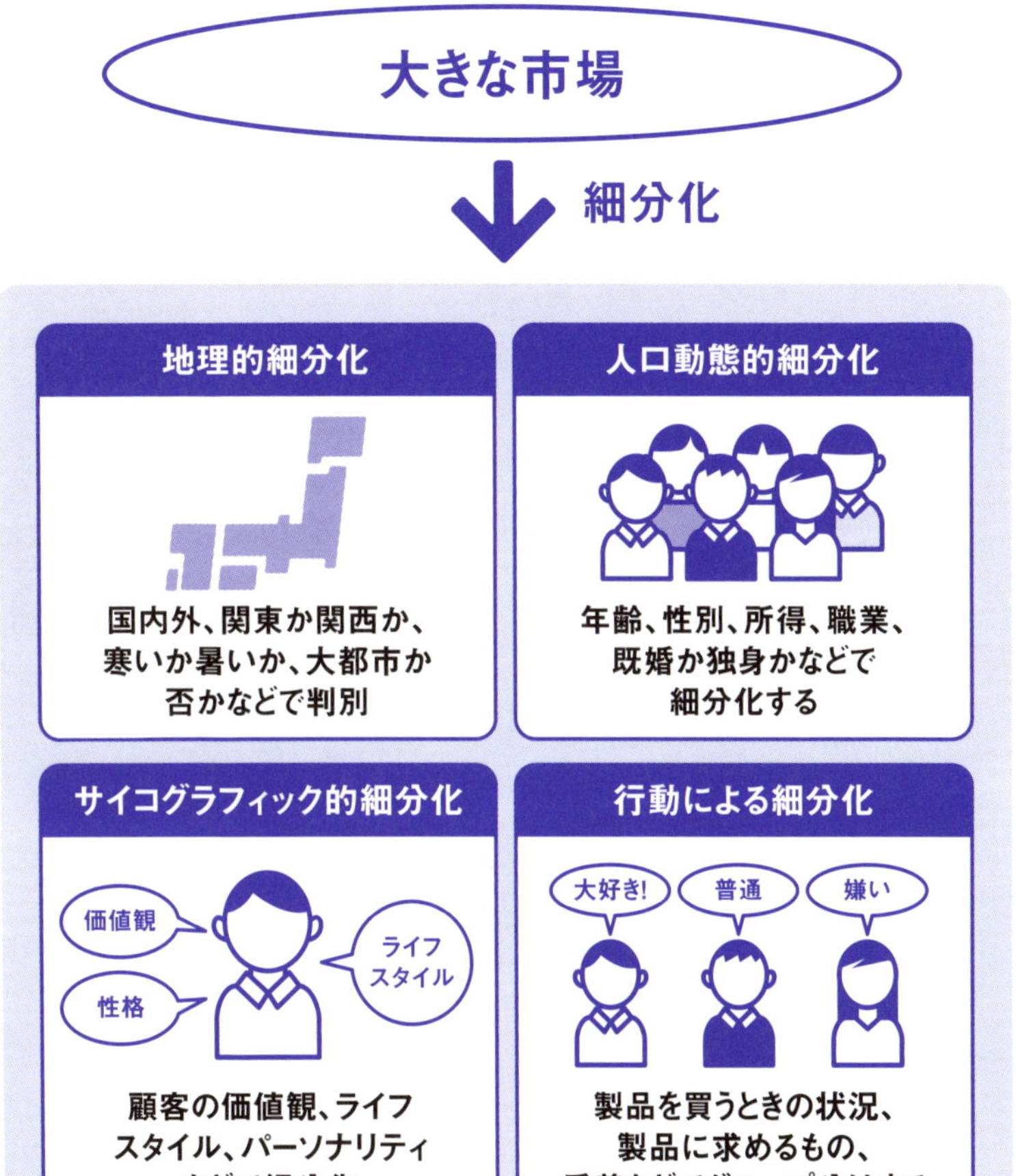
顧客の価値観、ライフスタイル、パーソナリティなどで細分化
製品を買うときの状況、製品に求めるもの、愛着などでグループ分けする

▼地理的細分化と人口動態的細分化の実例

地理的細分化や人口動態的細分化といっても、どのようにセグメンテーションするのか、イメージしにくいかもしれません。いくつか事例を紹介しましょう。

たとえば時間貸し駐車場の「タイムズ」で知られるパーク24は、**地理的細分化で「土地」から「遊休地」に市場を絞り、土地活用に悩むオーナーを対象にして、新たな市場を創造しました**。また、食品スーパーマーケットを展開するオオゼキは、**「高額所得者が多く住む人口密集地」という市場セグメント**で、東京都世田谷区をはじめとする城南、城西エリアに集中的に出店し、高い収益率を実現しています。

人口動態的細分化では、男性を「中年男性」に細分化し、男性用の化粧品市場を切り拓いた大塚製薬の取り組みが参考になります。化粧品といえば女性をイメージしがちですが、**ニオイ対策や皮脂対策といった「身だしなみマーケット」にセグメント**し、「UL・OS」ブランドでさまざまな商品を展開しています。また、ベネッセコーポレーションは、**誕生から臨終までのライフサイクルに着目した人口動態的細分化**をおこない、「こどもちゃれんじ」や「進研ゼミ」といった国内教育領域に加えて、妊娠・出産・育児中の女性を対象とした「たまごクラブ」や「ひよこクラブ」といった事業を推進。さらにシニア・介護領域では、２００以上の有料老人ホームを展開するなど、ヒトのライフステージを切り口にした事業をおこなっています。

▼サイコグラフィック的細分化と行動による細分化の実例

サイコグラフィック（心理的要因）的細分化は、生活者の価値観やライフスタイルなどを把握することからはじまります。たとえばアニコム損害保険は、**少子高齢化が進むなか、ペットと家族同然に暮らす人が増えていることに着目した事業**を展開しています。長生きするペットが増え、医療費をはじめ健康維持にかかる費用が増加するなか、人間の健康保険的なシステムを打ち出し、ペット保険市場で高いシェアを握ることに成功しました。メガネブランド「ＪＩＮＳ」で有名なジェイアイエヌも、サイコグラフィック的細分化により、「視力を矯正しなくてもいい人」「日ごろよくパソコンを使う人」といった人たちが、目に対して抱えているリスクや不安を見出しました。そこで、液晶ディスプレイから出るブルーライトをカットしたり、ドライアイを防いだりする機能性メガネを投入。**非視力矯正セグメントという、これまでのメガネ業界の常識を打ち破る切り口**で生活者の支持を得ました。

行動による細分化は、ハウス食品の「ウコンの力」が象徴的です。30～40代の男性が持つ「お酒を飲む機会が多い」「肝機能への悪影響を心配している」「継続的に栄養ドリンクを飲む」といった傾向に着目し、潜在需要を掘り起こすことに成功しました。お酒を飲む機会が訪れるたびに、ウコンの力を飲むという行動が習慣になり、新たな市場の創造に成功しました。行動による細分化をおこなうときは、このように**継続購入につながる要素にも意識を向ける**必要があります。

3-03 ②市場を特定しよう

ターゲティングの基本

差別型マーケティングと集中型マーケティング

セグメンテーションによって市場を細分化したら、自社の事業や商品にとって最適な市場を選び出すターゲティングを実行します。市場を細分化せずに展開することを「無差別マーケティング」といい、細分化した市場を対象とする場合は「差別型マーケティング」や「集中型マーケティング」という方法がよくとられます。現在「無差別マーケティング」を採用する企業はほとんど存在していません。

差別型マーケティングでは、たとえばシャンプーで「年齢」や「性別」で市場を切り分けた場合、20代の女性を主とした市場では髪の色ツヤが美しくなる点を前面に押し出し、50代の男性がメインの市場では育毛効果を謳うといった例が考えられます。

一方自社に育毛シャンプーの強力なノウハウがある場合は、後者の市場だけに注力する集中型マーケティングに限定する方法もあります。このように**自社の経営資源を考慮に入れて市場を決定する**ほかに、市場の規模や成長性、構造的な魅力度も検討材料に入ります。

ターゲティングの種類

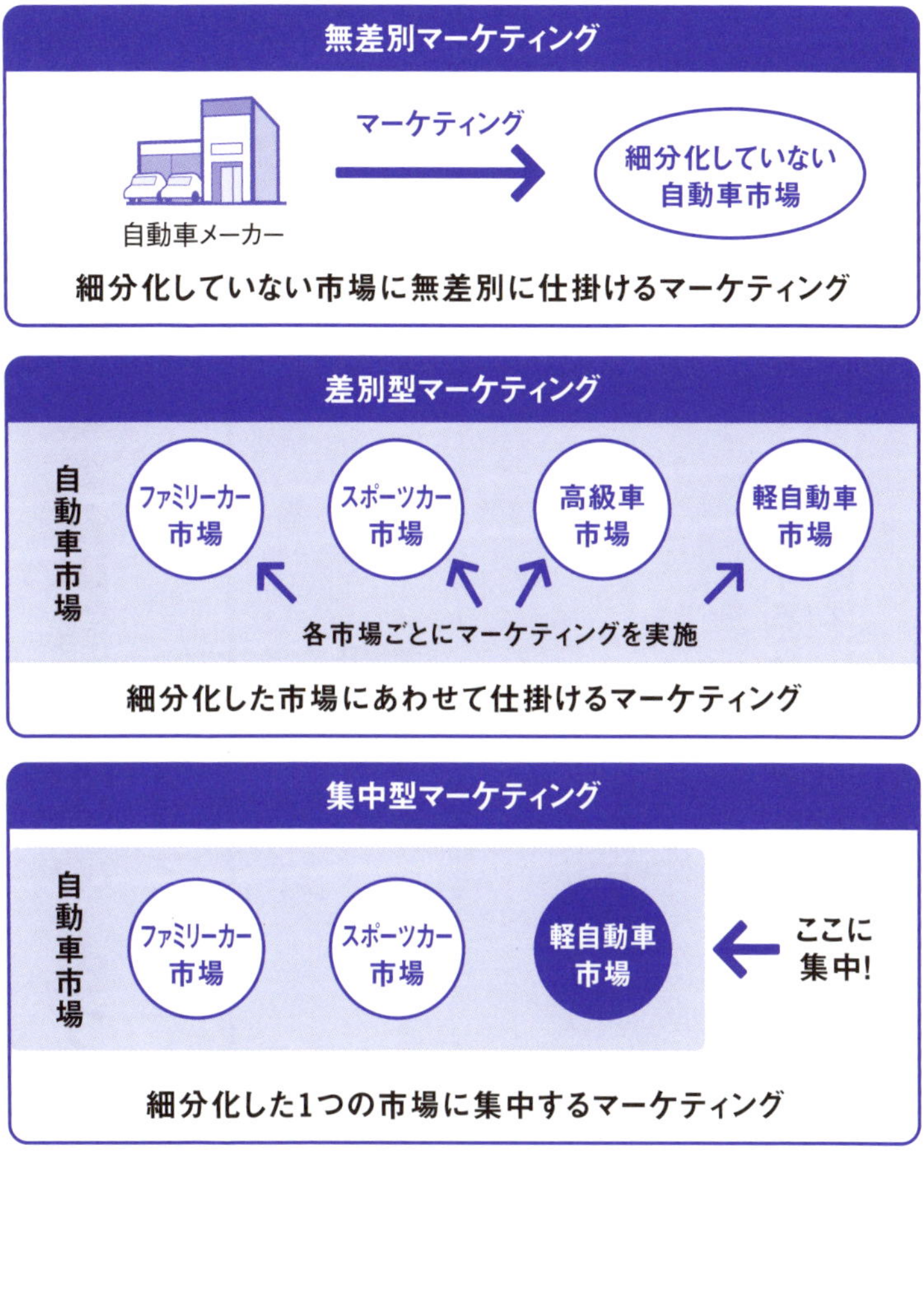
無差別マーケティング
マーケティング
自動車メーカー
細分化していない自動車市場
細分化していない市場に無差別に仕掛けるマーケティング
差別型マーケティング
自動車市場
ファミリーカー市場
スポーツカー市場
高級車市場
軽自動車市場
各市場ごとにマーケティングを実施
細分化した市場にあわせて仕掛けるマーケティング
集中型マーケティング
自動車市場
ファミリーカー市場
スポーツカー市場
軽自動車市場
ここに集中!
細分化した1つの市場に集中するマーケティング

3-04

③ 市場での立ち位置を決めよう

ポジショニングの基本

▼競合が手薄な市場を狙う

参入する市場を決めたあとは、その市場で自社の事業や商品が、どのような位置付けになっているかをチェックすることで、マーケティング戦略の道筋が見えてきます。

一口にポジショニングといっても、セグメンテーションと同様にさまざまな手法がありますが、わかりやすいのは競合との比較です。たとえば「発毛」と「抜け毛予防」の効果があるシャンプーで自社と競合の商品を比較し、他社の10倍の抜け毛予防効果が見込めるのなら、発毛よりも抜け毛予防に注目したマーケティング活動を展開します。

また、抜け毛予防に強力な効果があるのなら、50代ではなく、抜け毛が気になりはじめる30代前後の男性を狙うように、ターゲティングを再検討することも視野に入れます。当然ながら、**競合が手薄な市場のほうが、自社の立ち位置は優位になります**。STPは、S→T→Pと順番に検討するだけではなく、**ときにはPからTに戻るなど柔軟に発想することが大切です**。

市場によって自社の優位性は変わる

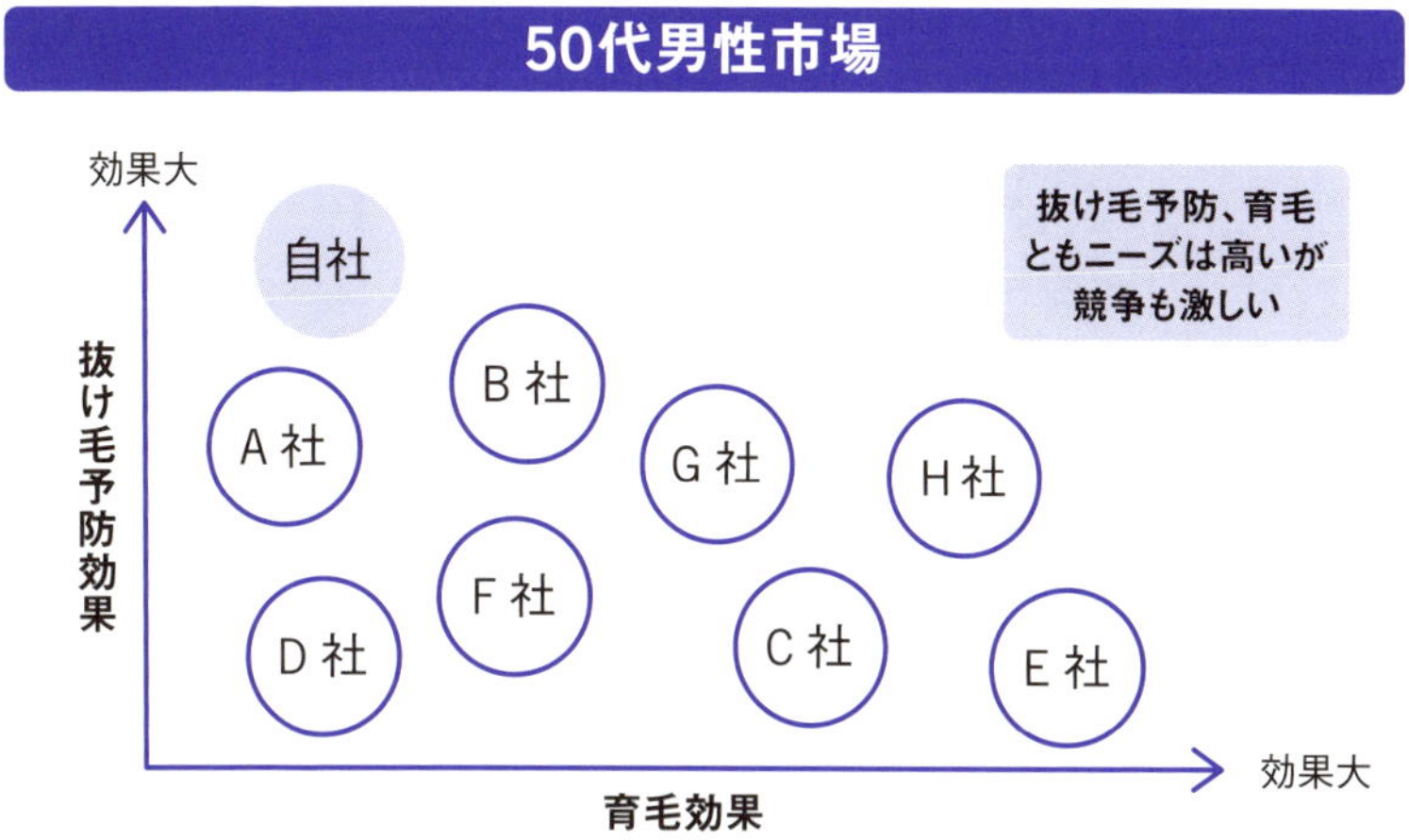

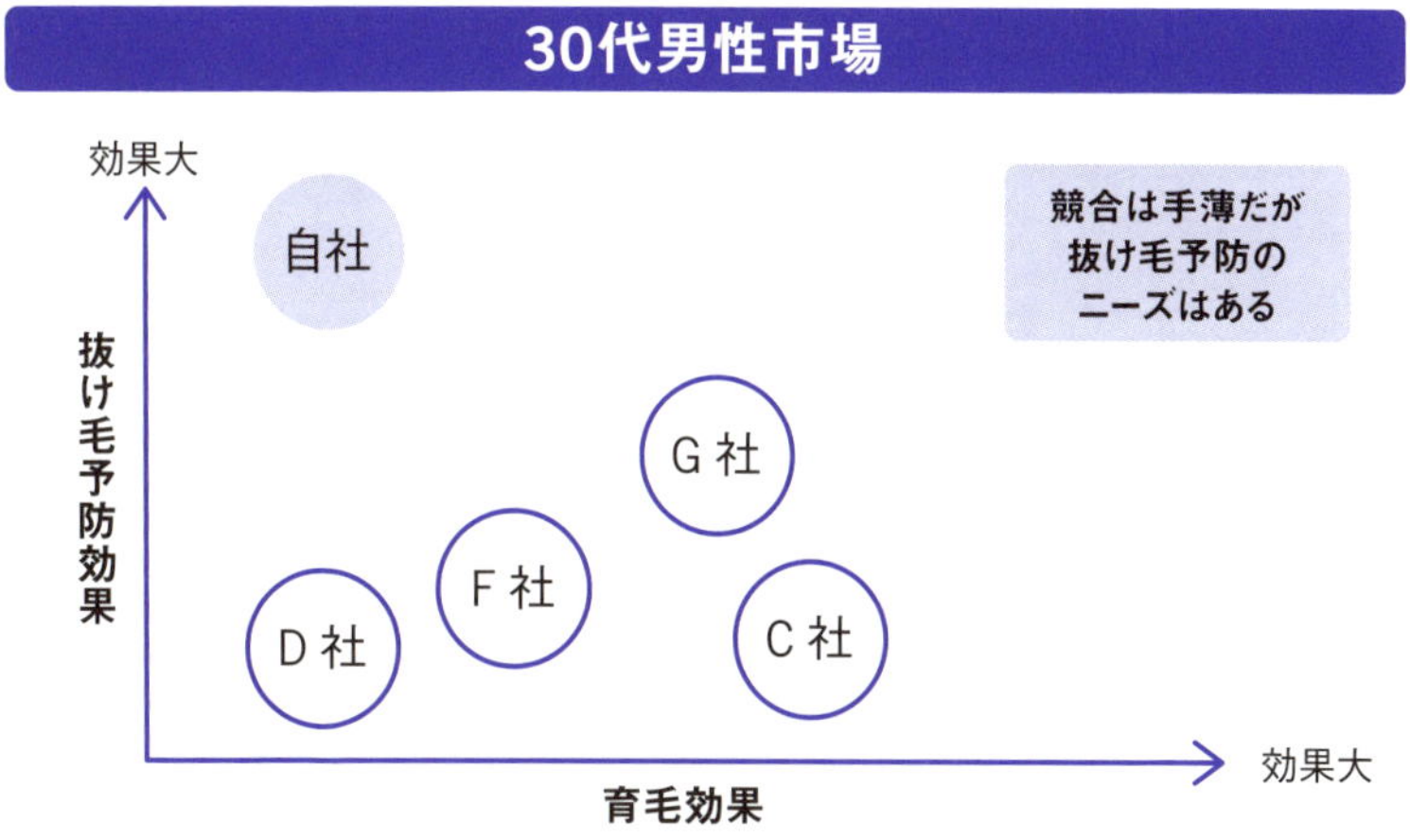

3-05 市場シェアでもポジショニング

ポーターによる4つの分類

▼シェアによってポジションが変わる

ポジショニングは、市場シェアで決める方法もあります。ハーバード大学のマイケル・E・ポーターは企業のポジショニングを、次の4つに分類しました。

①マーケット・リーダーのポジショニング……潤沢な経営資源を活かして市場全体を掌握
②マーケット・チャレンジャーのポジショニング……①とは差別化し、得意分野に注力
③マーケット・フォロワーのポジショニング……①や②の模倣、取りこぼしを狙う
④マーケット・ニッチャーのポジショニング……ほかと競合せず、小さな領域に集中

シェアによる**ポジショニングをもとに、自社と市場にあわせた戦略を検討します**。たとえばマーケット・リーダーなら、広い市場に低価格な商品を投入して競合を圧倒する。マーケット・チャレンジャーは、多少価格が高くても、付加価値のある商品を投入して差別化を図る。マーケット・フォロワーは、上位企業の商品を分析して隙をつく。マーケット・ニッチャーは、狭い市場に資源を集中させて1点突破を狙うといった方法があります。

ポーターの4つの分類

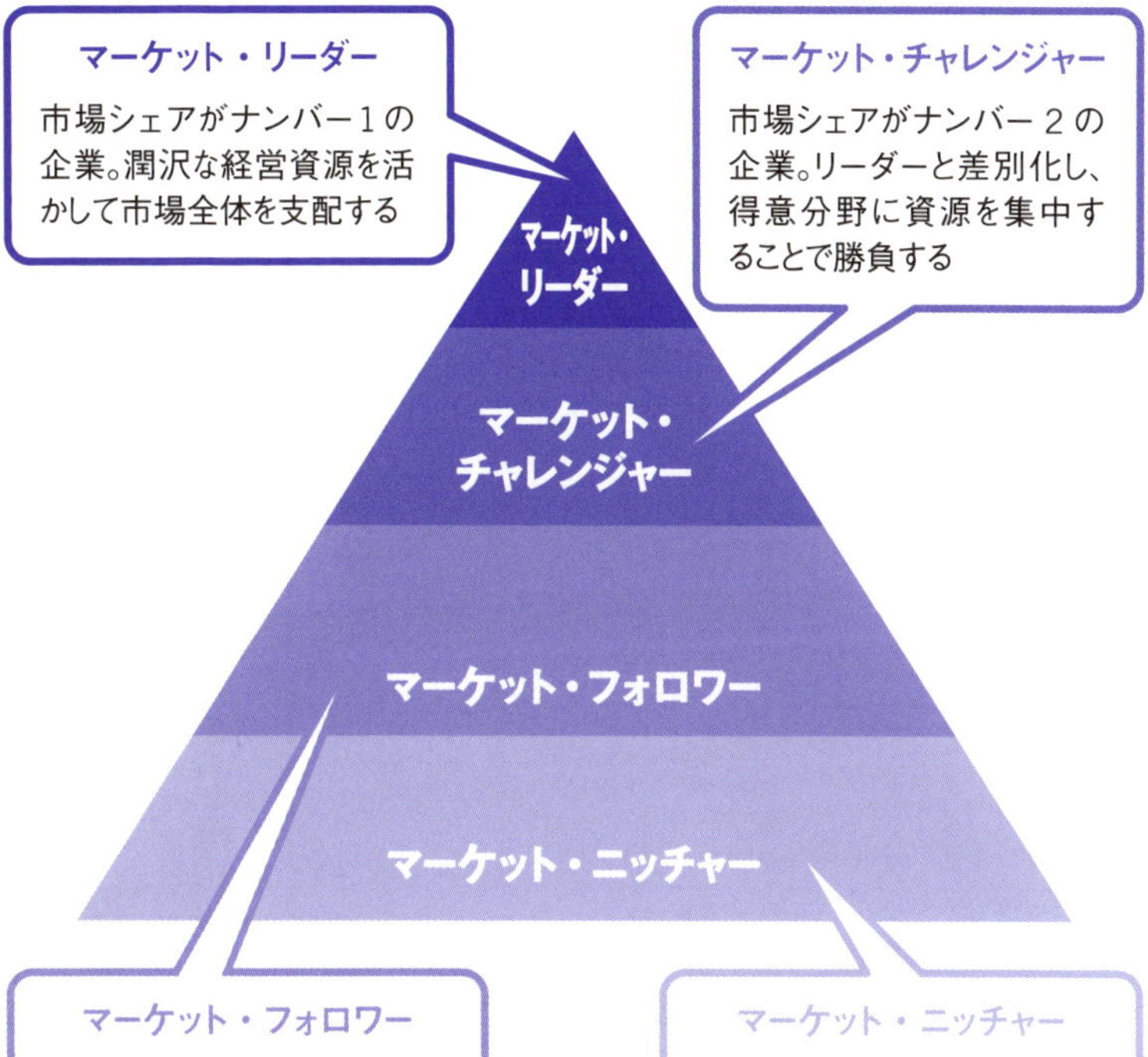
市場シェアがナンバー3以下の企業。リーダーやチャレンジャーを模倣し、取りこぼしを狙う
市場シェアが業界内で低い企業。他の企業と競合せず、小さな領域に集中して生き残る

企業のポジショニングに合わせたマーケティング戦略を実施する

3-06

顧客の内面が市場シェアに直結

マーケットシェアとあわせて検討したいマインドシェア

▼心の中の占有率をいかに高めるか

ポジショニングをおこなう際、ポーターのマーケットシェアとあわせて検討したいのが「マインドシェア」です。マインドシェアを一言で表現するなら、「顧客の心の中での占有率」といえるでしょう。

激しい競争が繰り広げられている市場で結果を出すには、**顧客の心の中で、自社の存在価値をどう高めるかが肝心です。**「この商品が好きだ」「この会社の商品なら安心できる」と、自社の商品や事業を心の中で好ましく捉えている顧客が多ければ、市場においても高いシェアを獲得できるという考え方です。

マインドシェアの提唱者のひとりジャック・トラウトは、自身の著書で、企業が顧客からどのようにイメージされているかをつかみ、必要ならポジショニングを再定義（リ・ポジショニング）することも検討すべきだと述べています。そのためには、顧客の心の変化を把握することが大切になってきます。

マインドシェア

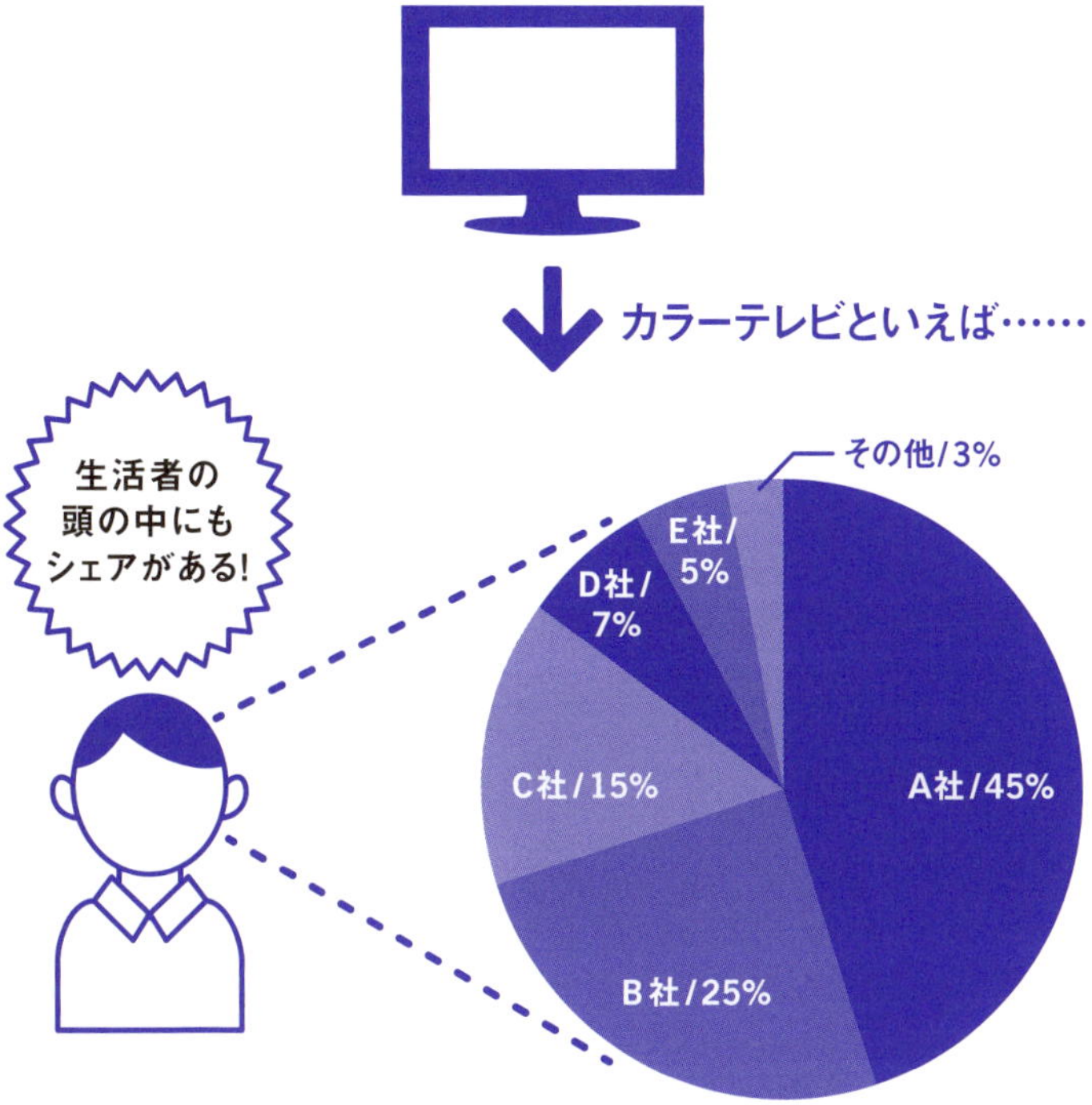

●ワンポイント

ここに注意!

生活者のマインドは変わりやすいので定期的にポジショニングを見直す必要あり

企業イメージも大切

「安心」「この企業の商品はセンスがいい」などの企業イメージもマインドシェアの一種

3-07

購買までの意思決定プロセス

3つの過程を示したハワード・シェス・モデル

▼学習構成概念で意思決定がおこなわれる

生活者はどのようなプロセスを踏んで購買行動を起こすのでしょうか。基本的な概念として覚えておきたいのが「ハワード・シェス・モデル」です。同モデルでは、生活者は広告などから商品に関する刺激を受けます。インプットされた刺激は、「知覚構成概念」で処理されます。知覚構成概念とは、商品に注意を向けたり、情報を集めたりすることです。その後、「学習構成概念」によって、購入の意思決定がなされます。学習構成概念では、次の3種類のプロセスによって意思決定が進みます。

①拡大問題解決……よく知らない商品について、綿密に情報を検索し意思決定する

②限定問題解決……内容をある程度理解している商品について、自分なりの選択基準を満たしているかどうかを知るために、ざっくり情報検索をおこなって意思決定する

③反復的問題解決……よく知っている商品について、ほぼ情報検索せずに意思決定する

継続利用がその後の購入のハードルをいかに下げるかが、よくわかるモデルです。

ハワード・シェス・モデルの概念

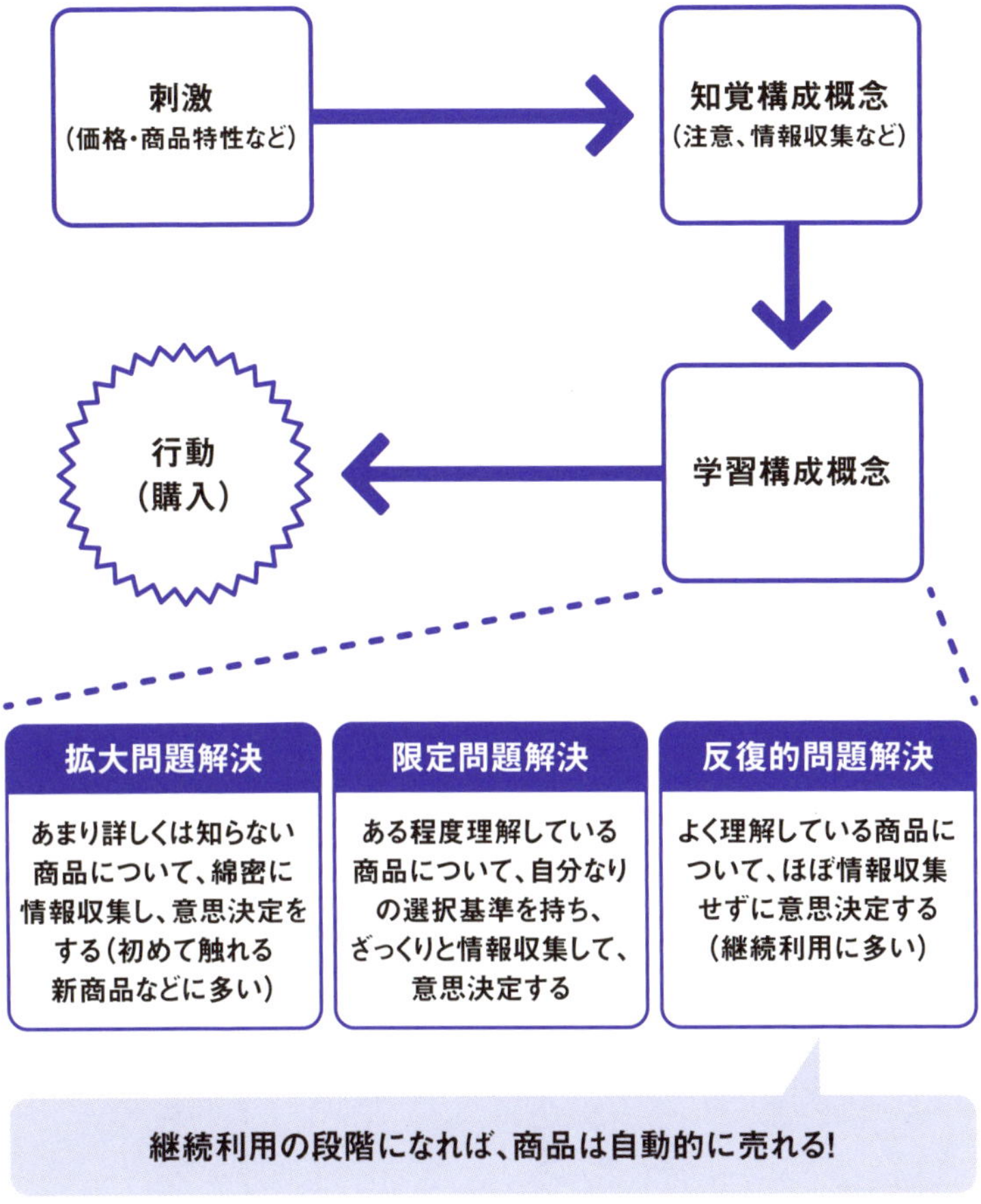

3-08

顧客が満足しても安心できない

満足度を測る期待不確認モデル

▼期待とパフォーマンスに着目した顧客満足の法則

ビジネスの現場では、「顧客満足」という言葉をよく耳にします。顧客満足はCS（customer satisfaction）とも呼ばれ、マーケティングの重要なキーワードです。顧客の満足と不満を分かつポイントを押さえておきましょう。

リチャード・オリバーが提唱した「期待不確認モデル」によると、**商品を購入する前に期待した内容を、購入後のパフォーマンスと比較して、どのように評価したかによって、満足か不満かが決まる**とされています。生活者は商品を購入するにあたり、品質や価格に対して期待を抱きます。期待に対してパフォーマンスが高いと、満足するのは当たり前です。ここで見落としがちなのは、期待が低いときは、それほどパフォーマンスが高くなくても、顧客は満足するということです。しかし、単に安売りをしているだけでは、息の長い商品を生み出すのは難しくなります。顧客が満足したからといっても、決して安心してはいけません。

期待不確認モデルの構造

商品の価値や値段に関係なく、購入前の期待度と購入後の商品パフォーマンスに対する評価の差で、顧客評価が決定

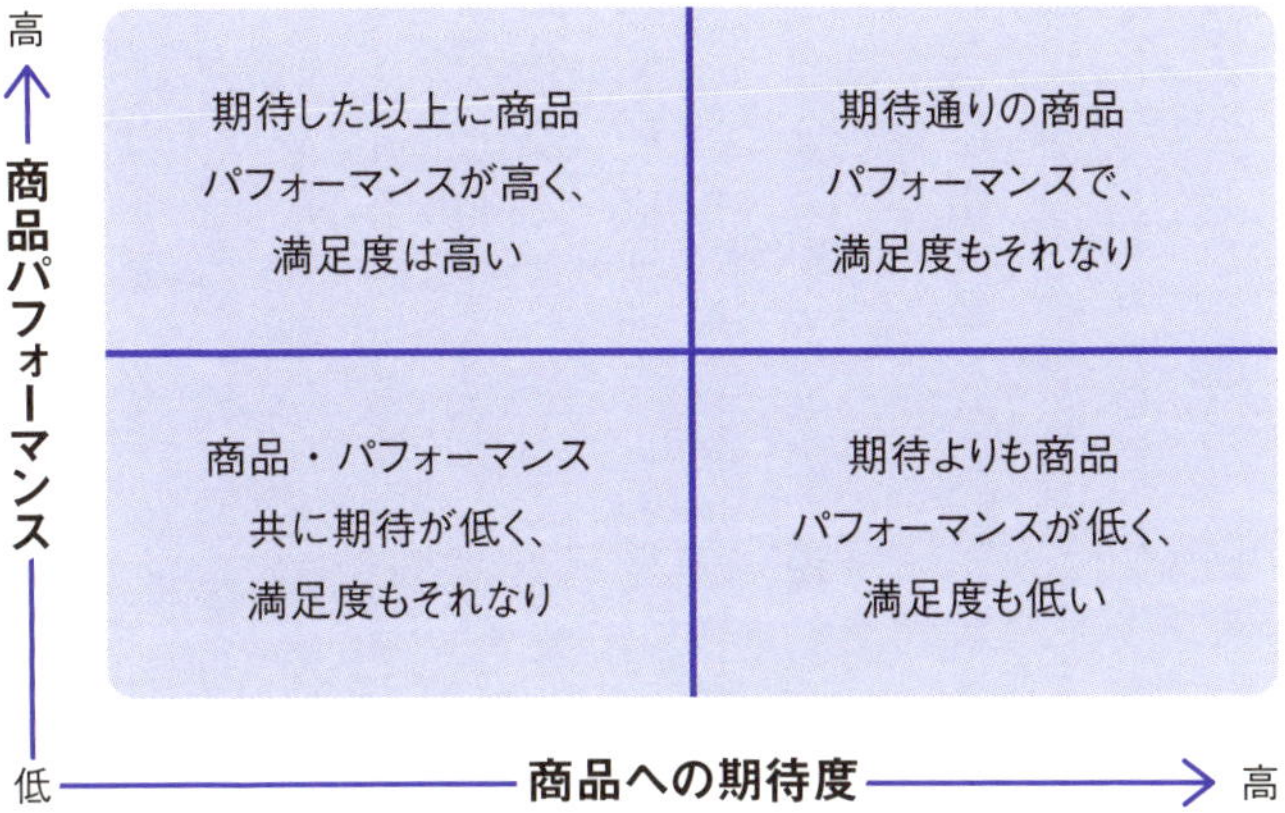

高
商品パフォーマンス
低
商品への期待度
高
期待した以上に商品パフォーマンスが高く、満足度は高い
期待通りの商品パフォーマンスで、満足度もそれなり
商品・パフォーマンス共に期待が低く、満足度もそれなり
期待よりも商品パフォーマンスが低く、満足度も低い

●目覚まし時計での顧客満足度の例

100円ショップの目覚まし時計 期待度 低い パフォーマンス 低い	ときどき時間が少し遅れたり、目覚ましの音が小さかったりするが、毎朝ある程度同じ時間に起こしてくれたら、まあそれでいい
高級ブランドの目覚まし時計 期待度 高い パフォーマンス 高い	少しでも時間が遅れたら不満。目覚ましの音も、しっかり目が覚めるように何段階も調整できて当たり前。これではなかなか満足度は高まらない

▼期待不確認モデルの2つのポイント

期待不確認モデルを整理すると、次の2つのポイントを見出すことができます。

・「期待」が低いほど満足度は高くなる
・「実感（パフォーマンス）」が高いほど満足度も高くなる

顧客満足を高めようと考えるとき、後者の法則から、とにかくよい製品やサービスをつくれば顧客は満足してくれるという発想になりがちです。しかし品質を高めるために、価格が高くなれば、顧客の期待も当然高まり、顧客満足を得るのは難しくなります。

ハーバード・ビジネス・スクールの教授だったセオドア・レビットは、「モノづくり絶対主義」に陥らず、「顧客満足の追求を目的としたマーケティングを中心に活動するべきだ」と提唱しています。そうなるには、まず自社の顧客になり得る層が、どんなレベルの製品やサービスを期待しているのかをつかみ、次に、どのような製品やサービスを開発するべきかを検討します。

顧客は期待通りの商品やサービスが提供されると、概ね満足してくれます。逆にいえば、顧客の不満を取り除けば、一応の満足を得ることはできます。しかし顧客の不満を解消するだけでは、製品やサービスが印象に残ることは少なく、継続的な利用は期待できません。肝心なのは顧客の期待を超えることです。顧客の期待を超え、製品やサービスについて感動してもらうことで、ファンやサポーターが獲得できるわけです。

▼NPSで顧客の満足を客観的に把握する

とはいっても、自社の製品やサービスが顧客の期待を超えて、継続利用に結びつくかどうかを把握するのは、簡単なことではありません。そこで活用したいのが「NPS（ネット・プロモーター・スコア）」です。

NPSは、顧客にアンケート調査をおこない、顧客が満足しているか否か、あるいは顧客がその商品を継続的に利用したいか、人にすすめたいかを探る指標です。アンケート調査では、「友人や知人にすすめたいと思いますか?」という設問が用意されます。顧客の回答を11段階の点数に振り分け、それぞれの設問に対する傾向を数値で把握します。たとえば「非常にそう思う」と答えれば10点、「まったくそう思わない」は0点といった具合です。0点から6点までの顧客は「批判者」、7点と8点は「中立者」、9点と10点は「推奨者」として扱われます。そして、推奨者比率から批判者比率を引いたものが、NPSの指標になるわけです。具体的には、推奨者が全体の40％いて、批判者が全体の30％いると、左のような式になります。

NPS＝推奨者比率（40％）－批判者比率（30％）＝10％

NPSは、高ければ高いほど、顧客満足度や継続利用率が高まる傾向にあり、12ポイントを超えると、その企業の成長率は倍増するといわれています。こうした客観的な数値を用いることで、顧客満足度をマーケティングにより一層活かせるようになるでしょう。

3-09

社員満足と顧客満足の関係

ESとCSは連動して高まる

▼社内に投資することで好循環が生まれる

顧客満足を高める方法として、「社員満足度（ES = employee satisfaction）」を高めると、顧客満足度も高まるという考え方があり、次のようにモデル化されています。たとえば社内食堂のメニューを充実させたり、社員旅行を実施したりして社内サービスをおこなえば、社員満足度は高まります。社員満足度が高まると、会社に対するロイヤリティが高まり生産性がアップします。生産性がアップすると、サービスの価値が高まることから、顧客満足度も上昇。顧客満足度が上昇することで、顧客のロイヤリティも高まり、会社の業績が向上するという流れになるわけです。**顧客満足ではともすると、外部指標に注目しがちですが、社内からアプローチすることもできるのです**。このモデルを「サービス・プロフィット・チェーン」といいます。こうした取り組みによって企業が手にした利益を、さらに社内サービスに投資すれば、左図のような好循環が生まれます。

サービス・プロフィット・チェーン

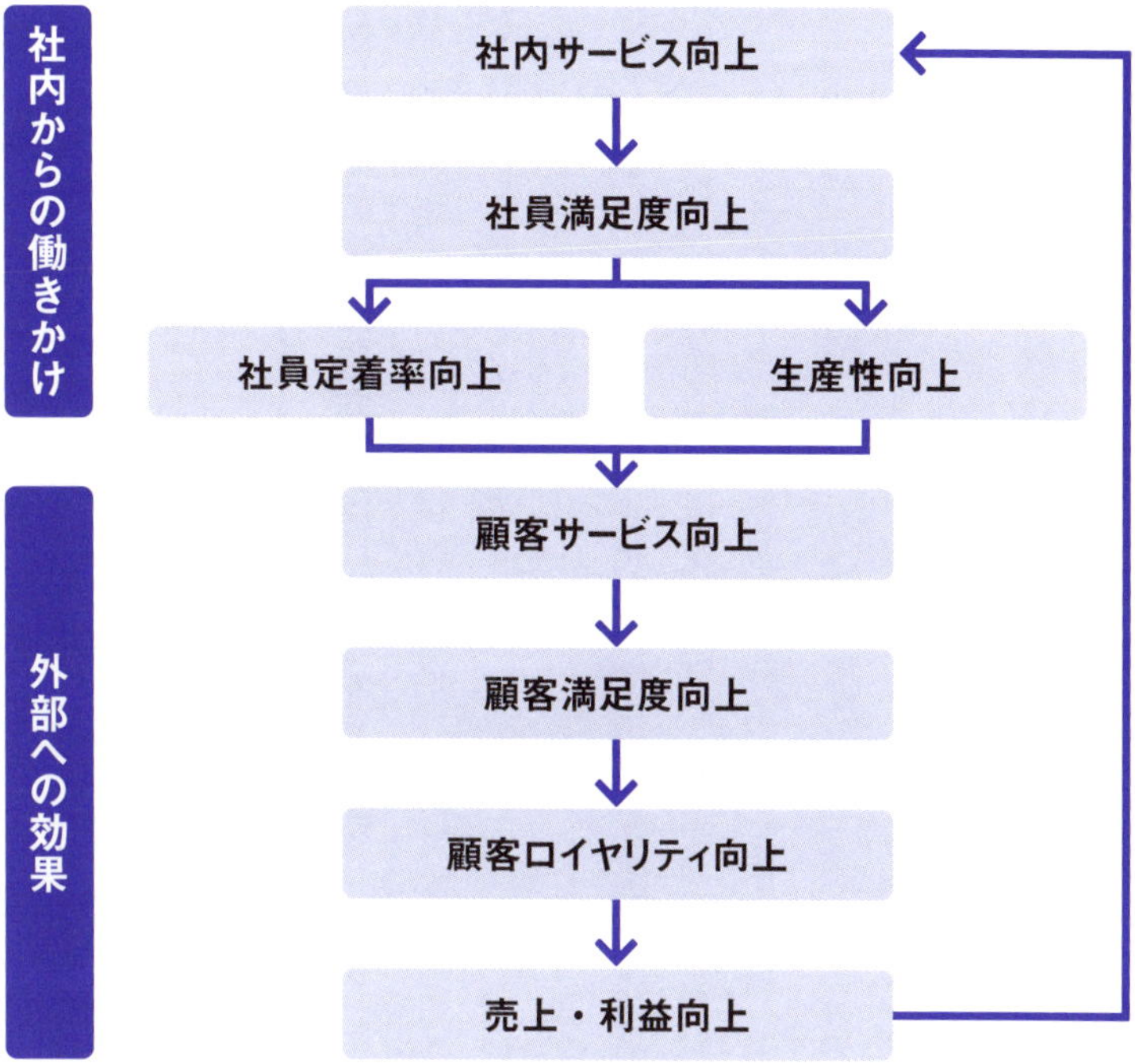

●ワンポイント

社内サービスを向上させることで、顧客サービスの向上につなげ、
売上・利益を伸ばす。さらにその利益を社内サービスに還元すれば、
利益を伸ばしていく好循環を形成する

3-10

広告はプロセスごとに評価しよう

5段階でチェックするDAGMAR理論

▼事前に目標を定めて広告実施後に効果を測定

マーケティングを語るうえで、広告の話題は外せません。ここからは広告について基本的な考え方をいくつか紹介しましょう。

1961年、ラッセル・H・コーリーによって「DAGMAR理論」という広告の効果測定法が提唱されました。DAGMAR理論では、広告のコミュニケーションを「未知」「認知」「理解」「確信」「行動」の5段階に分けています。広告を打つ前にそれぞれの段階の目標を設定し、広告実施後にどの程度目標を達成できたかで、広告効果を測定します。

たとえば商品がまったく知られていない未知の段階で生活者が商品についてまったく知らなければ、商品が存在しないことと同じです。この段階では、広告によってどの程度の人々に商品を知ってもらえるかという目標を設定します。同様に、認知・理解・確信・行動についてもそれぞれに目標を設定し、効果を測定していきます。**最終の売上ではなく、プロセスごとに評価できる**ため、古典的な理論ながら実務で活用することも多いでしょう。

5段階のコミュニケーションと目標で広告効果を測るDAGMAR理論

商品が知られる前

- 未知…商品が知られていない状態　（目標1）
- 認知…商品があることに気づいた状態　（目標2）
- 理解…商品の特徴が理解されている状態　（目標3）
- 確信…商品を買おうと思っている状態　（目標4）
- 行動…商品を購入する状態　（目標5）

購入後

各段階での目標の一例を挙げると…

目標2の場合 … 広告を実施することで、その商品の特徴やメリットなどについて生活者の理解がどれくらい進むか？

目標5の場合 … 広告を実施することで、どれくらいの実売数が見込めるか？

3-11 覚えておきたい広告の原則

ユニーク・セリング・プロポジションの三大原則

▼USPの三大原則と三大定義

1961年に「ユニーク・セリング・プロポジション」（以下、USP）が提唱されました。**USPは現代のインターネット広告にも通用する普遍的な概念です。**

USPでは広告の三大原則として、次のような提言がされています。

① 頻繁に広告表現（ストーリー）を変更すると、浸透度という点で広告をやめるのと同じくらいの悪影響を及ぼす

② いくら卓越したキャンペーンを実施しても、そのたびに内容を変更していては、それよりも劣るキャンペーンを継続的に実施している企業に後れをとる可能性がある

③ 卓越したキャンペーンは、商品が流行遅れにならない限り古びない

右記を原則として、「製品のメリットを生活者に提案する」「広告は競合が真似できない内容にする」「提案は新規顧客をはじめ多くの人々を引き寄せる内容にする」といったUSPの三大定義が打ち出されました。

ユニーク・セリング・ポジション

USP＝商品が持つ独自の強み

USPの三大原則

原則 1
頻繁に広告表現（ストーリー）を変更すると、浸透度という点で、広告をやめるのと同じくらいの悪影響が出る

原則 2
卓越したキャンペーンでも、頻繁に内容変更していては、それよりも劣るキャンペーンを継続的に実施している企業に後れをとる可能性がある

原則 3
卓越したキャンペーンは、商品が流行遅れにならない限り、古びることはない

USPの三大定義

定義 1　製品のメリットを生活者に提案する
定義 2　広告は競合が真似できない内容にする
定義 3　提案は新規顧客をはじめ多くの人々を引き寄せる内容にする

インターネット時代にも通用する広告の原則

3-12

広告効果は費用だけでは測れない

出稿量に着目したシェア・オブ・ボイス

▼競合と露出割合を比較する

広告費が多いほど、高い広告効果が得られると思われがちですが、広告はそれほど単純ではありません。たとえば広告費にどれだけの費用を投入したかという絶対量より、競合する商品との出稿量の違いによって広告効果が決まるという考え方があります。巨額の費用をかけたから広告効果は高いはずだと決めつけず、**その市場において、どの程度広告が露出したかを把握し、また競合と露出割合を比較することが重要です**。

市場における自社広告の出稿割合は、自社広告量を、市場全体の広告量で割ることで算出できます。算出した数値を「シェア・オブ・ボイス」といい、この数値を競合他社と比較すれば、露出度の違いを把握することができます。注意したいのは、純粋な広告ではない露出もシェア・オブ・ボイスに含める場合があることです。たとえば広告以外のメディア露出として、製品やサービスがニュースや雑誌記事などで取りあげられるパブリシティ（広報活動）と呼ばれるものがあり、これらもシェアに影響力を持ちます。

広告の絶対量と出稿量の関係

×広告効果 = 広告の絶対量
◯広告効果 = 競合との広告出稿量の違い

出稿量の差が広告の効果を決める

●競合と広告の出稿量にあまり差がない場合

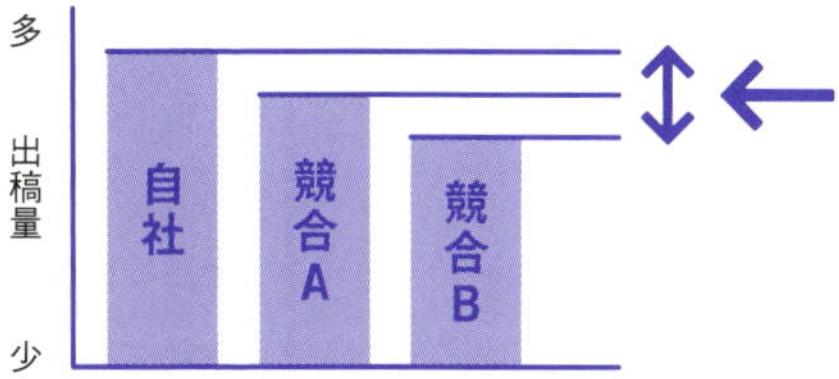

どれだけ広告費用を費やしても、広告効果に大きな差は生まれない

●競合と広告の出稿量に大きな差がある場合

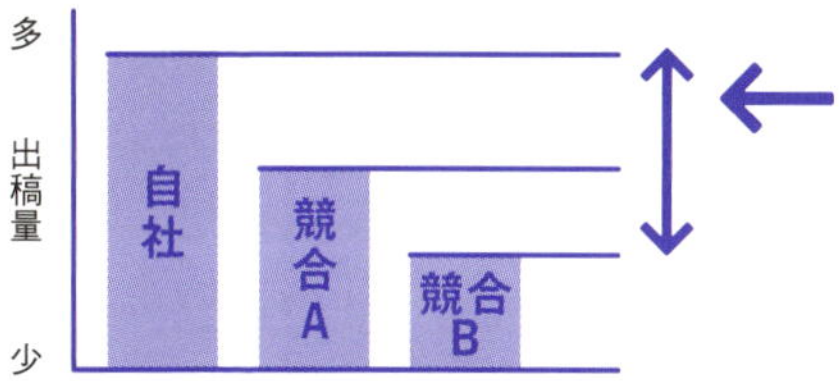

たとえ広告の絶対量が少なくても、出稿量による露出割合に大きな差があれば、広告効果も大きくなる
(シェア・オブ・ボイスが高い状態)

シェア・オブ・ボイスを導く公式

シェア・オブ・ボイス(自社広告の出稿割合) ＝ $\frac{\text{自社広告量}}{\text{市場全体の広告量}}$

3-13
多彩なマーケティングを統合する
包括的なホリスティック・マーケティング

▼個々のマーケティング理論にこだわらない

ここまで、さまざまなマーケティング理論を紹介してきましたが、**個々のマーケティング理論に固執するのでなく、すべてを統合してマーケティング活動を展開することが大切です**。とりわけ、ITの発達が著しい現代においては、インターネットなどによって企業と顧客の相互コミュニケーションが実現し、包括的なマーケティング活動がより効果を発揮するようになっています。コトラーは「ホリスティック・マーケティング」という概念を発表し、次の4つのマーケティング要素を統合的に活用することを提唱しました。

①リレーションシップ・マーケティング……生活者（顧客）やサプライヤー（供給者）、流通関係者や外部協力企業などが相互に好ましい関係を構築するマーケティング活動
②統合型マーケティング……4Pや4Cを効果的に活用するマーケティング活動（後述）
③インターナル・マーケティング……社内向けにおこなわれるマーケティング活動
④社会責任的マーケティング……社会的な役割、使命を考慮したマーケティング活動

ホリスティック・マーケティング

ホリスティック・マーケティングで活用する４つのマーケティング

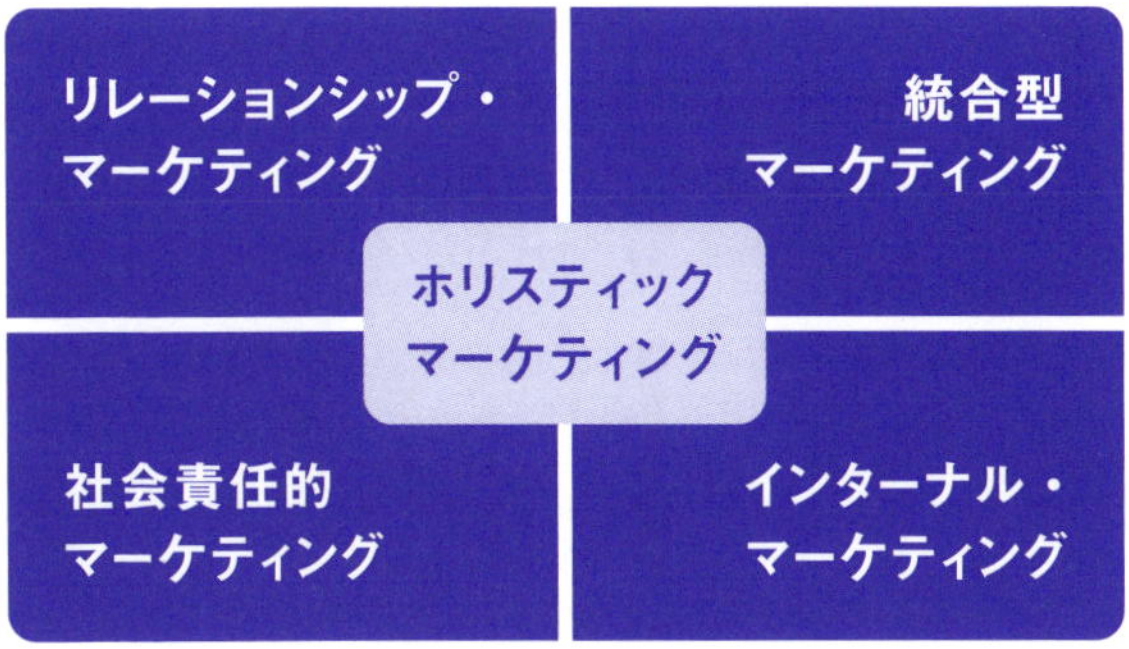

リレーションシップ・マーケティング	生活者（顧客）や供給者、流通関係者や外部協力企業などが相互に好ましい関係を構築するマーケティング
統合型マーケティング	「製品」「価格」といった 4Pや、「顧客コスト」「利便性」などの 4Cを効果的に活用するマーケティング
インターナル・マーケティング	顧客との信頼関係作りに有用な人材の採用など、社内でおこなわれるマーケティング
社会責任的マーケティング	社会福祉や社会貢献性など、自社の社会的な役割、使命を考慮したマーケティング

４つのマーケティングを組み合わせて効果を高める!

▼コミュニケーション・ミックスを活用

ホリスティック・マーケティングを構成する要素のひとつ、「統合型マーケティング」は30ページで紹介した4Pと32ページの4Cがカギを握ります。両者を組み合わせたマーケティング・ミックスは、ホリスティック・マーケティングにおいても欠かせません。とりわけ4Pのプロモーションと4Cのコミュニケーションは大きなポイントになります。

4Pのプロモーションとは、広告、販売促進、イベント、PR、人的販売、ダイレクト・マーケティング（160ページ参照）などが含まれますが、これに4Cのコミュニケーション、つまり「顧客との対話」を効果的にかけあわせることが大切です。

また、販売促進、イベント、PRといった各手段を切り離して個別に実行するのではなく、**それぞれを組み合わせたり、連動させたりして統合的なコミュニケーションを目指す「コミュニケーション・ミックス」を活用すれば、さらに高い効果が期待できます**。たとえば広告による商品紹介だけでなく、イベントの告知も加える。イベントでは、顧客との対話を活かした人的販売をおこない、希望者には自宅に直接サンプルが届くようにする。さらに、イベントにはマスコミも呼んで、商品を紹介する記事を書いてもらうように働きかけるといった取り組みです。

こうした統合型マーケティングを含んだホリスティック・マーケティングこそ、現代のビジネス環境に合致した概念といえるでしょう。

コミュニケーション・ミックス

広告やイベントを組み合わせたり、連動させてマーケティングを実施!

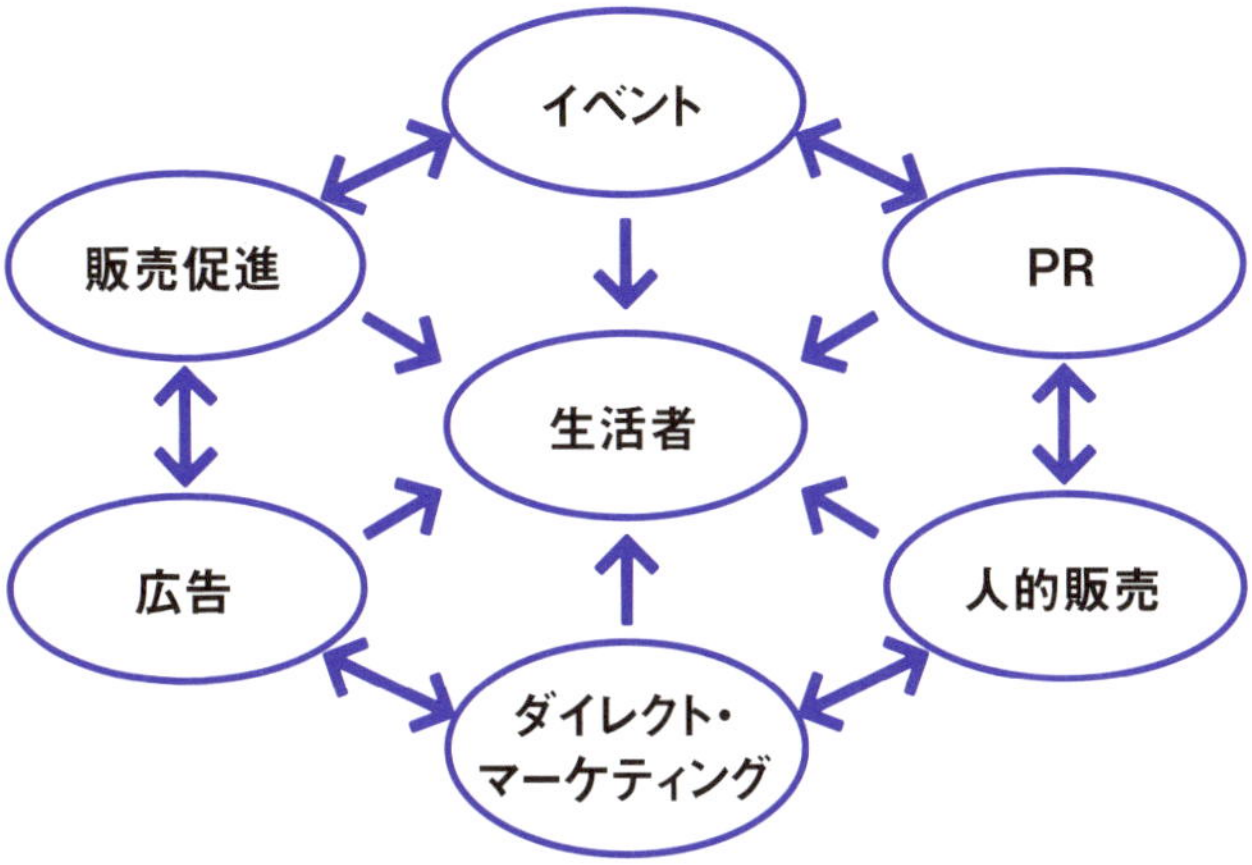

●コミュニケーション・ミックスの一例(シャンプーの場合)

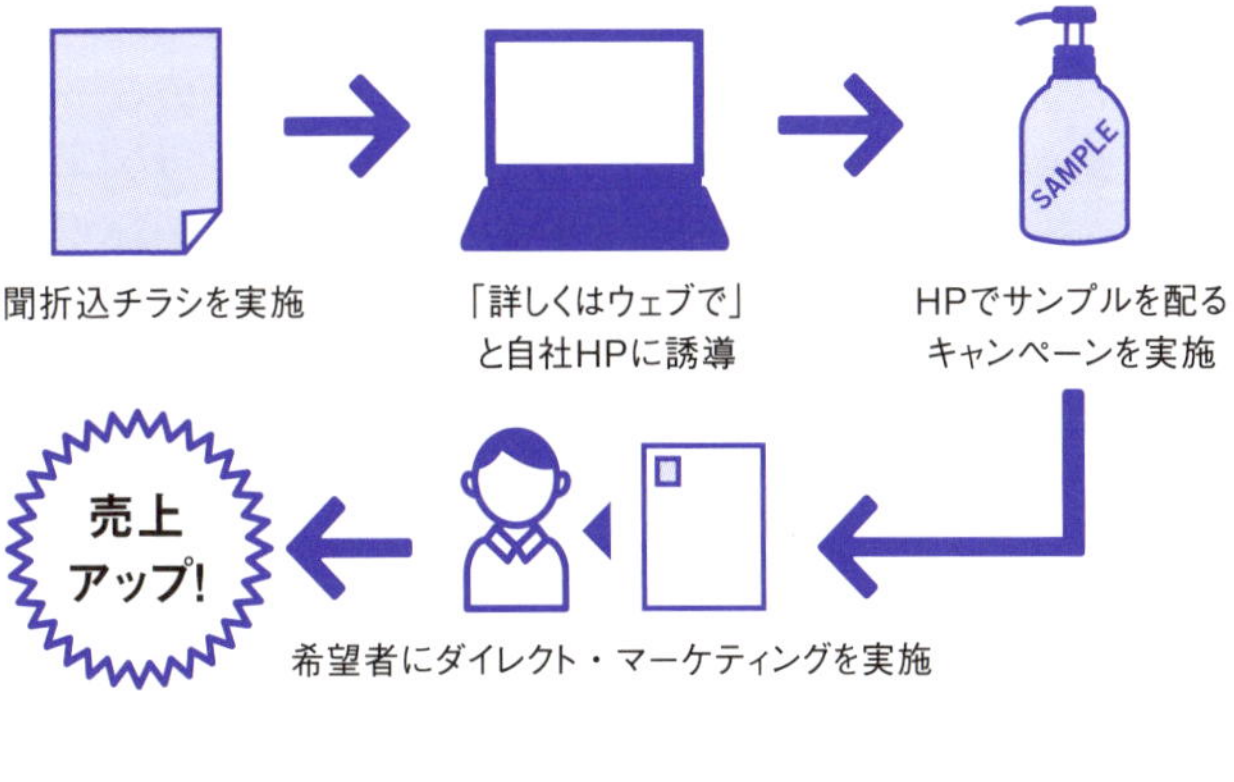

column

STP的なマーケティングは理論の構築前からあった

STPは今日のマーケティング活動に欠かせない概念ですが、本格的に研究される前から、企業活動の実務ではすでにマーケティング発想は活用されていました。

アメリカで1908年に発売された「T型フォード」は、流れ作業による大量生産で、当時の自動車価格の半額という売価を可能にしました。しかし、1920年代になると自動車の普及が進み、画一的なクルマだけで生活者に訴求する手法には陰りが見えてきました。そこでフォードのライバル企業だったGM（ゼネラル・モータース）は、多種多様な自動車を市場に投入しました。3世帯に1台の割合で自動車が所有されるようになり、所得の多寡にかかわらず、さまざまなニーズが生まれていることを見逃さなかったのです。GMはセグメンテーション、ターゲティング、ポジショニングの3つを意識したSTP的なマーケティングを実践し、フォードからトップの座を奪取しました。

経済の歴史を振り返ると、成功の裏にマーケティングの発想が隠れていることが少なくありません。さまざまな成功事例を、マーケティング的視点で分析してみると、多くの気づきを得られるはずです。

第４章

新製品・新サービスを開発するマーケティング

4-01

新商品ができるまでのプロセス

やはりマーケティングは欠かせない

▼アイデア集めから製品化までの流れ

実際に新製品や新サービスをつくり出すとき、どんな手順が必要になるでしょうか。ここでは新製品を例に、商品化までの流れを追ってみましょう。

まずは仮説を立て、製品のタネとなるアイデアを集め、新製品のために活かせるアイデア、見送るアイデアといった具合に選別していきます。コンセプトも同時に固めていきますが、この頃にはマーケティングが必要になってきます。マーケティングによって、生活者の願望やニーズを探り、さまざまなアイデアを組み込んだコンセプトをつくります。どのように新製品を市場に投入していくかといった流通などの戦略を決めるときも、マーケティングが必須となります。

さらに、新製品にかかるコストや、期待できる売上を探り、製品を具体的な形にしていきます。その後、市場での反応をテストするのもマーケティングの領域です。**製品が形になる以前から、マーケティングは必要になってくるのです。**

新商品開発のプロセス

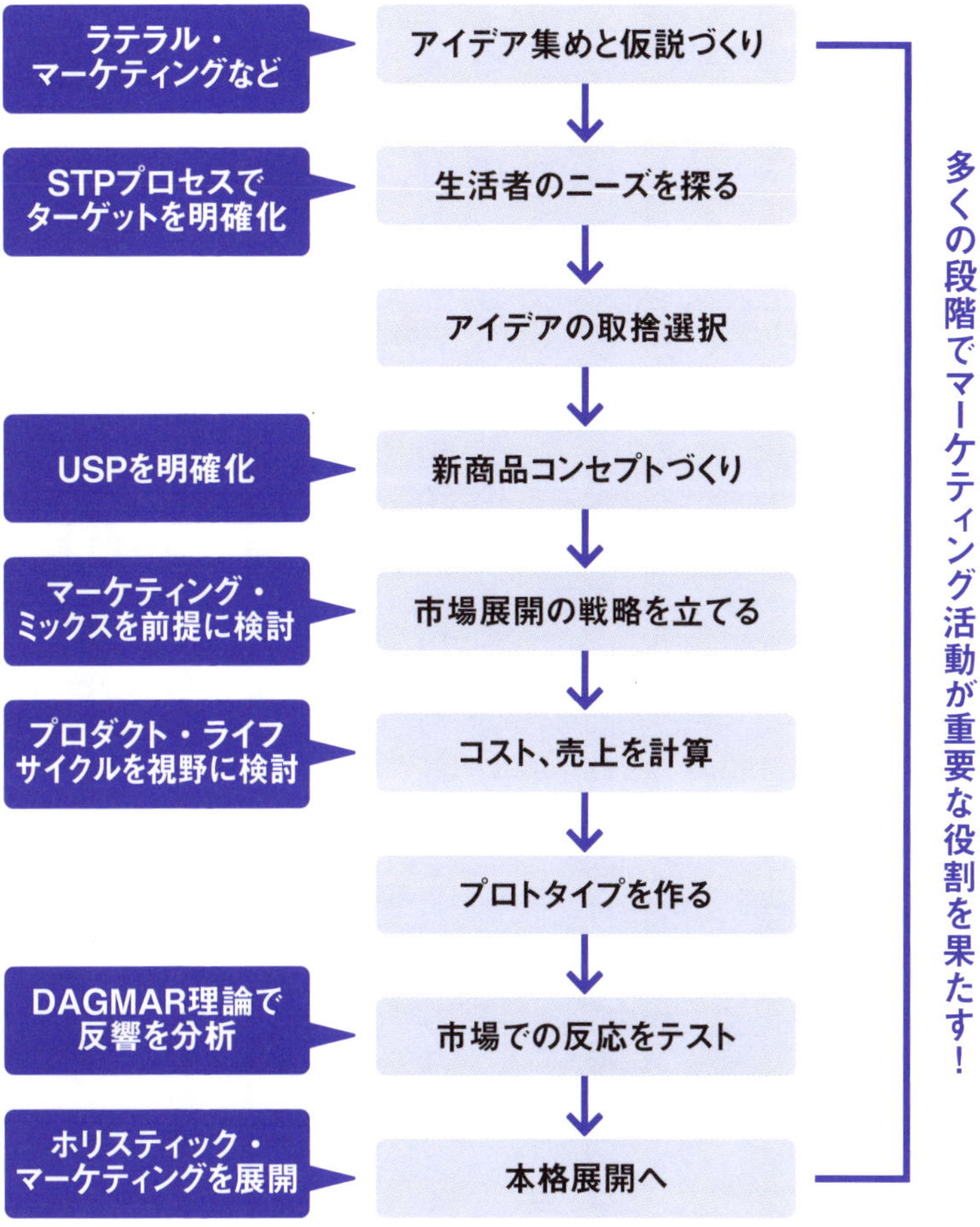
ラテラル・マーケティングなど
アイデア集めと仮説づくり
STPプロセスでターゲットを明確化
生活者のニーズを探る
アイデアの取捨選択
USPを明確化
新商品コンセプトづくり
マーケティング・ミックスを前提に検討
市場展開の戦略を立てる
プロダクト・ライフサイクルを視野に検討
コスト、売上を計算
プロトタイプを作る
DAGMAR理論で反響を分析
市場での反応をテスト
ホリスティック・マーケティングを展開
本格展開へ
多くの段階でマーケティング活動が重要な役割を果たす！

4-02

自社と自社商品の未来を見極める

状況によっては新商品の投入以上の対策も

▼成熟期を迎えると次の一手が必要

新しい製品やサービスが生まれるのは、どんなときでしょうか。68ページのプロダクト・ライフサイクルでも説明しましたが、**商品が成熟期、衰退期を迎えると、商品リニューアルや新たな市場の開拓、新商品の投入を検討することになります**。

市場の状況によっては、抜本的に解決を図るイノベーション（まだ普及していない製品やサービスへの取り組み）が必要になってきます。**まずは自社を取り巻く市場がどのような状況にあり、自社と自社商品がどんな未来を迎えるのかを分析することが重要です**。

市場にまだ需要があっても、その業界や自社が扱う製品・サービスに関して、ニュース性が乏しくなっているようだと、イノベーションをはじめとする市場活性化への方策を視野に入れたほうがよいでしょう。また、競合他社などが、いまある製品やサービスを陳腐化させるような画期的な製品、新しいサービスを市場に投入した場合、好むか好まざるかは別として、自らもイノベーションを起こす必要があります。

市場状況と適切な商品開発

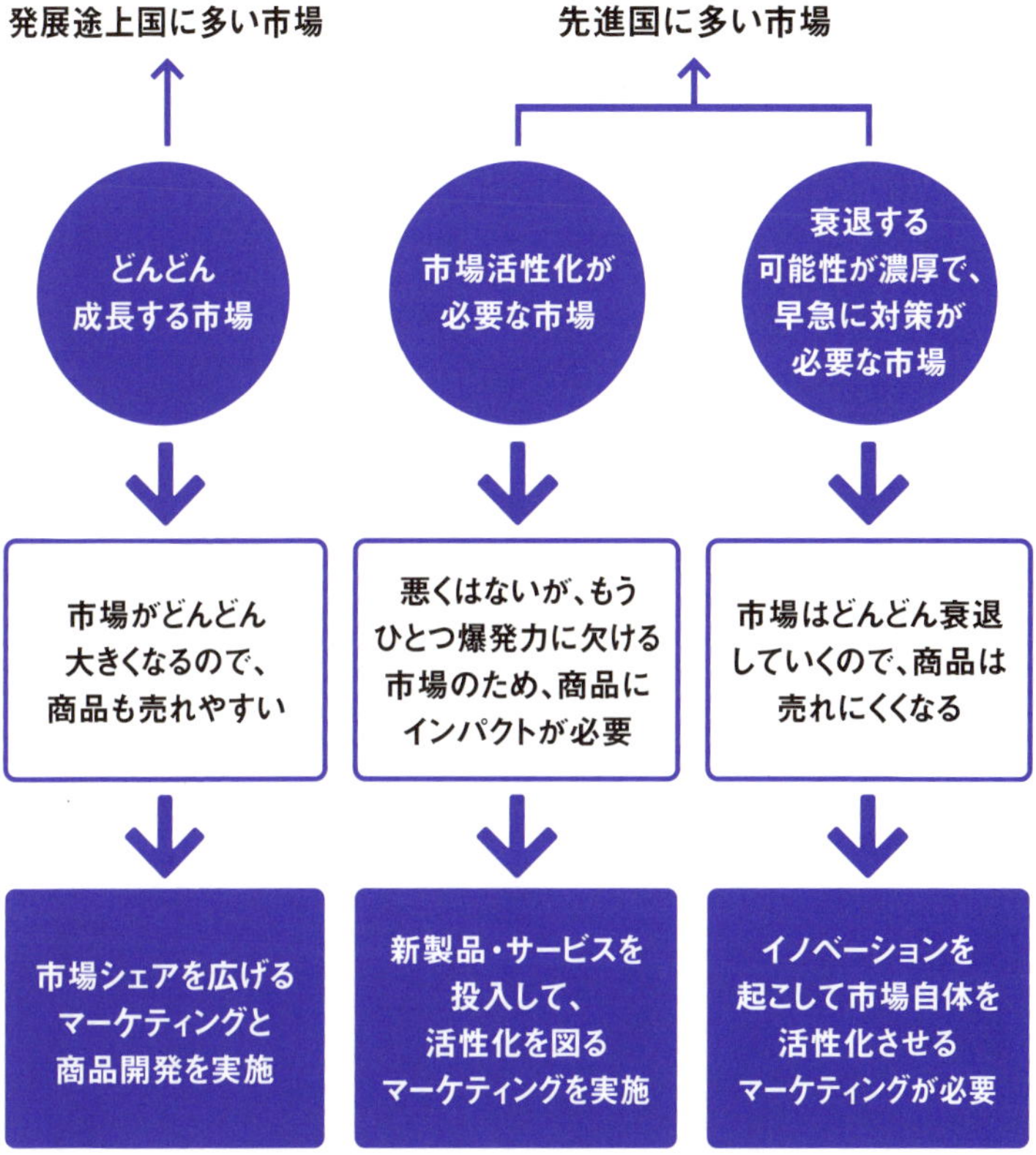

市場状況に合わせた商品開発を実施する!

4-03

イノベーションは大きく3つある

製品やサービスはこう変わる

▼クリステンセンの明快な分類法

一口にイノベーションといっても、その考え方はさまざまです。ハーバード・ビジネス・スクール教授のクレイトン・クリステンセンは、次の3パターンを挙げています。

① エンパワリング・イノベーション……以前は専門的で高価だった製品やサービスを、手軽に扱えて廉価な価格で購入できるようにし、さらに新たな雇用も生み出す

② 持続的イノベーション……古い製品やサービスを新しく置き換えていく

③ エフィシェンシー・イノベーション……いまある製品やサービスを、さらに効率的に提供する

①は、高価で扱うのが難しかったパソコンが、安くなり操作も簡単になったという例がイメージしやすいでしょう。②は、自動車にハイブリッド革命を起こしたプリウスの例が象徴的です。③は、セールスレディの活用など人的販売に大きな比重がかかっていた保険業界において、オンライン保険会社が台頭した例がわかりやすいでしょう。

3つのイノベーション

エンパワリング・イノベーション
イノベーション
以前は高価だったパソコン
安価で操作性も向上
以前は専門的で高価なものが、手軽に安く手に入るようになる
持続的イノベーション
イノベーション
ガソリン車が主流の自動車
ハイブリッド車の登場
古い製品やサービスを新しく置き換えていくイノベーション
エフィシェンシー・イノベーション
イノベーション
人的販売中心の保険会社
オンライン保険の登場
いまある製品やサービスを、効率的に提供するイノベーション

▼既存製品を駆逐する破壊的イノベーション

クリステンセンは、これまで大企業の多くが、既存製品の改良改善を進めるタイプのイノベーションを繰り返すことで事業を拡張させ、大きく成長してきたと指摘しています。一方で、イノベーションには**既存製品の価値を否定してしまうようなインパクトがある「破壊的イノベーション」も存在します**。

破壊的イノベーションは、ベンチャー企業などが新技術を開発したり、斬新なサービスを打ち出したりすることで誕生しますが、最初は対象となる市場が小さく、大企業にとって魅力的に映りません。そのため、**大企業は破壊的イノベーションに先んじられ、新興市場への参入が遅れる傾向にあります**。こういった現象を「イノベーションのジレンマ」といいます。

クリステンセンは大企業が破壊的イノベーションに後れをとる理由として、顧客と投資家の意向に引きずられやすいこと、小規模な市場より大規模な市場を狙ってしまいがちなこと、組織に柔軟性がなく異質な事業への対応力が低いことなどを挙げています。こうした要素がイノベーションを起こす際のハードルとなり、多くの大企業が実際に窮地へと追い込まれるまで、なかなか実行に移せないジレンマに陥るわけです。

村おこしには「よそ者」「若者」「変わり者」が必要だといわれますが、イノベーションにも同じことがいえます。淀んだ空気のもとでイノベーションは生まれません。

破壊的イノベーションの事例

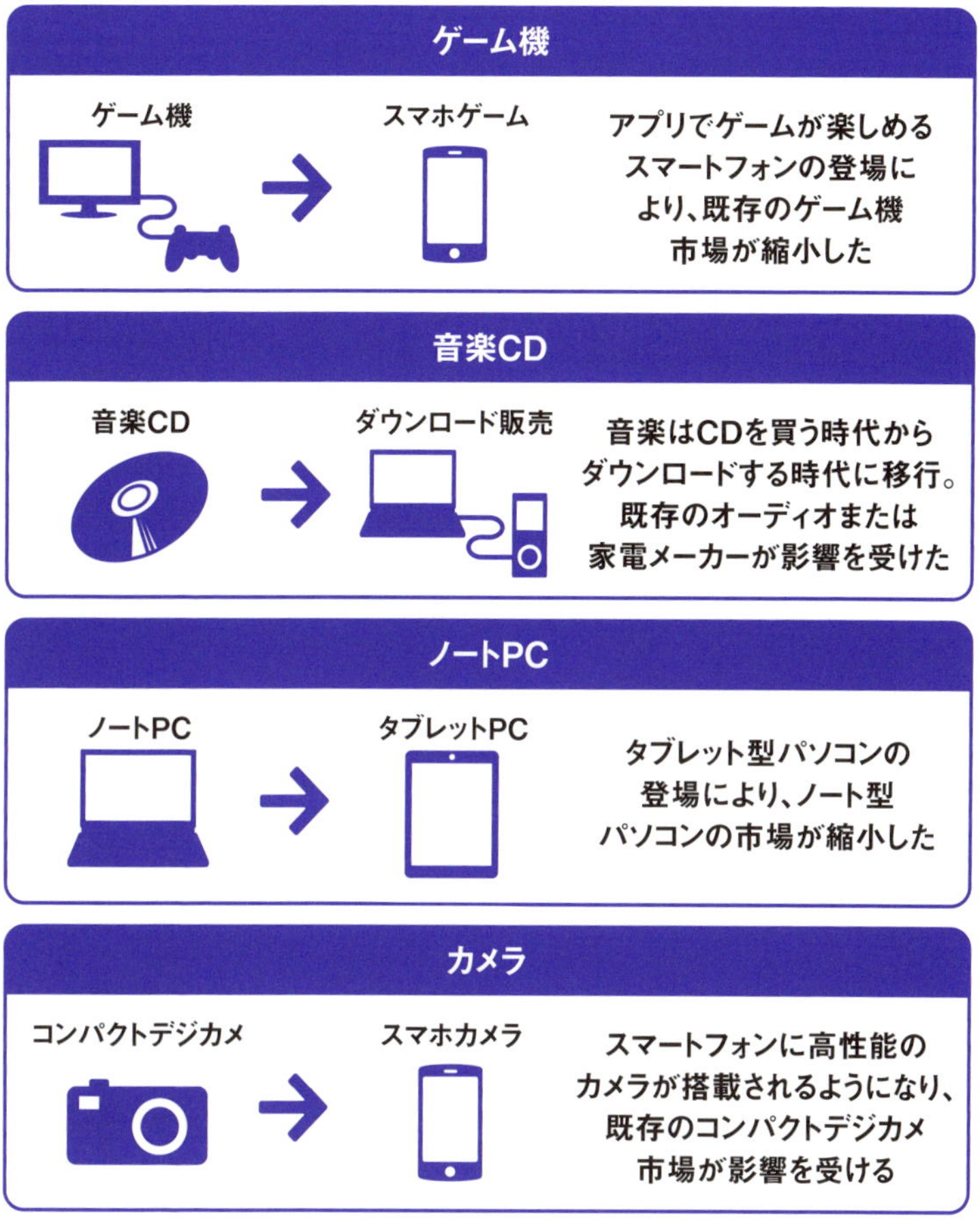

4-04

新商品を生み出すのが難しいわけ

完成された仕組みがハードルになる

▼ときには上司も障壁になる

「マーケティングによって新製品、新しいサービスを生み出す！」というのは簡単ですが、現実にはさまざまなハードルがあります。製品やサービスをつくりあげ、それを流通させて、生活者に販売する。この一連の動きは、長年の企業活動によって仕組みが効率化されてきました。こうした仕組みの中で3CやSTP、マーケティング・ミックスという手法を駆使しても、いまある市場の分析にとどまることが多く、新しい市場にまで辿り着くことは少ないのです。

これまでの仕組みで市場がうまく回っているのなら、わざわざ新しいプロセスを試す必要はないかもしれません。また、まったく新しいマーケティング・プランを策定する際は、上層部の決裁をとる必要がありますが、**既存システムで実績をあげてきた人たちから承認を得るには高いハードルがあります**。いつまでも現状にとどまる企業には未来がなく、いずれはハードルを乗り越えることになります。

新市場での新商品開発の主な障害

調子のよい企業

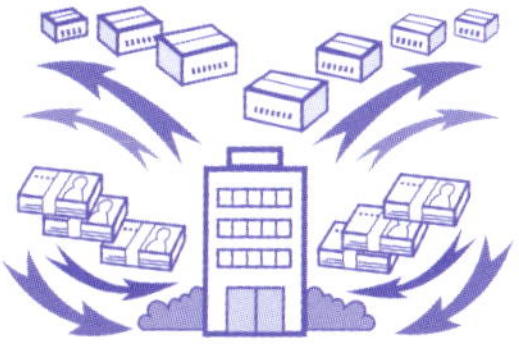

既存のやり方が成功している
↓
新しいことにチャレンジしない

成熟した商品の場合

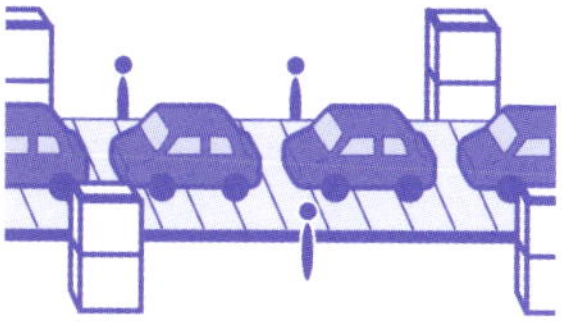

効率化した仕組みが存在
↓
新たな発想が出てこない

老舗企業に多い例

既存市場にしがみつく
↓
新しい市場を開拓できない

決裁が多い大企業の場合

細部まで上司の決裁が必要
↓
スピード感のない行動になる

既存システムで実績をあげてきた人たちの承認が最大のハードルになっている!

▼「それでどうなるか?」と問いかけることが大切

ではどうすれば、新発想の方法論や、新しいマーケティング活動に取り組めるようになるでしょうか。初心者は大学の教科書や入社後に先輩などから学んだ知識でマーケティングをおこないがちです。あるいは、他社からの提案書や企画書を読むことで、分析視点を学ぶこともあると思いますが、単に理論や方法論をなぞるだけでは、ほかのマーケターと似た視点になってしまいます。すでにある理論を踏んでいけば、よい結果が生まれると信じ込んでいる人は意外とたくさんいます。

変わりゆくビジネス環境において、日々生まれる問題を見つけ、最適な解決法を教えてくれるマニュアルはありません。自分なりに物事を突き詰める姿勢が必要となってくるのです。

具体的な方法のひとつとして、**「それでどうなるか?」という問いを常に持ち続けることをおすすめします**。たとえば「少子高齢化」という言葉から社会構造の変化を読みとる場合、「子どもが減り、お年寄りが増える」で終わってしまいがちです。しかしプロのマーケターは、少子高齢化によって将来もらえる年金が減る、年金額が減ると定年後も働く人が増える、若者が減ると企業も高齢者の雇用が必要になるといった具合に、「それでどうなるか?」と次に生まれる変化やニーズをつかんでいくのです。こうすれば、表層的な分析から、新たな発想が生まれる核心部分に掘り進んでいくことができます。

プロマーケターの思考フロー

少子高齢化が社会問題化

↓

高齢化が進むとどうなるか?	高齢者が増え、若者が減るので、将来の年金支給額が減少する
↓	
年金支給額が減少するとどうなるのか?	年金だけでは生活できないので、65歳以上でも働く必要が出てくる
↓	
企業はどうするか?	少子化で労働力が不足するので、高齢者の雇用を増やす
↓	
企業が高齢者を積極的に雇用するとどうなるか?	年金支給額を減らされない範囲内で働きたい高齢者が増加
↓	
働きたい高齢者が増えるとどうなるのか?	企業には熟練した労働者を安価に雇う環境が生まれる
↓	
労働者を雇う環境が生まれるとどうなるのか?	高齢者の教育機関や働く仕組みが社会的に必要になる

つまり、働く高齢者向けサービスのニーズが高まる!

4-05

常識の壁を破るマーケティング

既存市場にとらわれない発想が大切

▼バーティカル・マーケティングとラテラル・マーケティング

過去に提唱されたマーケティングの方法論を活用して、論理的に課題を解決する方法を「バーティカル・マーケティング」といいます。バーティカルとは「垂直型」という意味を持ち、古くから定評のある理論や方法論に沿って、「①問題を分析し」、「②仮説を立て」、「③アクション・プランを策定する」といった流れを辿ります。この方法は、ビジネスモデルが好調なときは有効なのですが、**市場が成熟するなどして、ある種の制度疲労が発生している場合は、既存の枠を飛び越えた発想が必要になります。**

停滞した状況を打破したいときに活用したいのが「ラテラル・マーケティング」です。ラテラル・マーケティングでは、いきなり仮説を立てるところからはじめます。このとき、「新市場創造」や「新製品開発」といったテーマにフォーカスし、そこで出たアイデアをさまざまな形に洗練させていきます。具体的な手順は後述しますが、既存市場を分析した結果にとらわれない画期的な発想が可能になります。

バーティカル・マーケティングの流れ

自社商品の売れ行きが落ちている食品メーカーの場合は…

①問題を分析する

・自社の食べ応えのある商品の人気が落ちている
・世の中はヘルシー志向になっている
・既存の販路や商品にテコ入れが必要だ

②仮説を立てる

・ヘルシー志向に沿った商品を展開するのはどうだろう?
・量販店やスーパーマーケットも巻き込もう

③アクション・プランを策定する

・販路へのプラン…量販店やスーパーマーケットに、ヘルシーキャンペーンを提案する
・商品へのプラン…売り場には、既存商品をリニューアルしカロリーをカットした新商品を投入

このマーケティング発想は商品や市場に活力があると効果的だが、市場が成熟し商品が飽和状態になってくると、埋もれてしまう可能性がある

↓

そこで、既存の販路や商品の分析からはじめるのではなく、新市場、新商品にフォーカスをあてたマーケティングが必要になる!

4-06

水平思考で新たな発想を生み出す

ラテラル・マーケティングの3つのステップ

▼6つの視点で課題を解決する

ラテラル・マーケティングは、あえて非論理的な発想をすることで、定型的な思考の枠組みを飛び越えて、まったく新しい解決法を編み出します。「非論理的な発想」などというと難しいイメージがありますが、「水平思考」によって従来の発想を少しずらしたり、組み替えたりすることで、新たなアプローチを発見することができます。具体的には、次の3ステップを踏むことになります。

はじめに、水平思考をするための対象を決めます。たとえば新製品を開発するときには、「製品」や「パッケージ」「ブランド」などにフォーカスします。次のステップでは、水平思考を使って、フォーカスした事柄について論理的な発想から脱します。**水平思考のカギになるのは、「代用」「結合」「逆転」「除去」「強調」「並べ替え」といった新しい視点です。**

3つめのステップでは、水平思考で生まれたアイデアを磨いていき、製品として発売できるようにアクション・プランを洗練させていきます。

ラテラル・マーケティングの流れ

①仮説を立てる

STEP1…フォーカスする

（例1）新市場を創造する場合

注目　市場　想定顧客

（例2）新製品を開発する場合

注目　製品　ブランド　パッケージ

市場や想定顧客、パッケージ、製品、ブランドなどに注目する

STEP2…水平思考をする

- **代用**　なにか代わりにならないか？
- **結合**　ほかの要素をつけられないか？
- **逆転**　逆の意味合いをもたせられるか？
- **除去**　デメリットをなくせるか？
- **強調**　メリットを強くアピールできるか？
- **並べ替え**　順番を替えられないか？

STEP1で注目した対象について、「代用」できないか、「結合」できないか…といったことを検討する

②アクション・プランを策定する

STEP3…連結する

STEP1でフォーカスした対象を、STEP2の「代用」「結合」といった要素を使って水平思考することで生まれたアイデアをブラッシュアップしてアクション・プランを策定する

▼オフィスグリコに学ぶ水平思考

ラテラル・マーケティングの好例として、江崎グリコの置き菓子サービス事業「オフィスグリコ」が参考になります。この例では、仮説の段階で**「オフィスでの菓子販売」にフォーカスし、さまざまな水平思考をおこなうことで新市場の創造に成功しました**。

同社は置き菓子を、仕事中や残業時にもう一踏ん張りするためのツールと考え、お菓子を食べることを「リフレッシュメント」と位置付けました（強調発想）。オフィスでの訪問販売はビルの規約などから難しいため、出入りが自由な納品業務として、「リフレッシュボックス」にお菓子を補充するという供給方法をとりました（代用発想）。リフレッシュボックスは農家の無人販売所の発想を取り入れており、代金はカエルをデザインした貯金箱「ヨミガエル」に利用者がお金を入れることで回収します（結合発想）。利用者が同じオフィスで働く人々に特定されていることもあって、回収率は非常に高くなります（逆転発想）。リフレッシュボックスはブルーを基調としたデザインでオフィスになじみ、職場でお菓子を食べるというマイナスイメージをなくしました（除去発想）。また、いつも同じ商品を売るのではなく、週に一度をメドに補充を繰り返し、3週間で商品が完全に入れ替わるようになっています（並べ替え発想）。

こうしたさまざまな工夫を見ても、水平思考による柔軟な発想がいかに大切かがよくわかると思います。

オフィスグリコ実現までの流れ

①仮説を立てる

STEP1…フォーカスする

新市場創造を視野に…

「オフィスでの菓子販売」
という事業にフォーカスする!

STEP2…水平思考をする

- **代用** 売り場に代わるリフレッシュボックスの設置を検討
- **結合** 無人野菜販売所やカエルの貯金箱の発想を活かす
- **逆転** 特定の人が利用することにより、高い代金回収率を見込む
- **除去** 職場になじませる工夫で、マイナスイメージの払拭を狙う
- **強調** お菓子を食べることを「リフレッシュメント」とアピール
- **並べ替え** 新鮮な印象を保つため、適度な商品の入れ替えを計画

②アクション・プランを策定する

STEP3…連結する

リフレッシュボックスには 24個の菓子を用意する。利用者は
好きな菓子を選んで、代金をカエルの貯金箱に入れる。サービス
スタッフが週に 1 回程度、商品の補充と代金の回収を実施する。

4-07

新たな販路を切り拓こう

売る場所があってこそ新商品が活きる

▼販路の将来性をチェックする

新しい商品の開発を考えるときは、同時に販路にも目を向けましょう。いくら画期的な商品を開発しても、適切な販路がなければ成功には結びつきません。

一口に販路といっても、その内容はさまざまです。デパートやスーパー、コンビニ、ショッピングセンターなど多彩な流通があるなか、近年はバーチャル店舗やeコマースも大きな成長を遂げています。O2O（244ページ）やオムニチャネル（実店舗やオンラインストアなどを統合したチャネル）で直販に取り組むメーカーも少なくありません。

こうした中で注目したいのは、現在、あるいは将来的に、自社の販路が成長する可能性があるかどうかを判断することです。販路の利用者数や売上が増加すると、連動して商品を販売する企業の業績も高まります。ただ、**過去の延長線上にない新商品の開発を迫られるようなときには、販路そのものの活力が低下している場合が少なくありません**。販路も対象に含めたマーケティング活動をおこない、自ら市場を創造していくことが大切なのです。

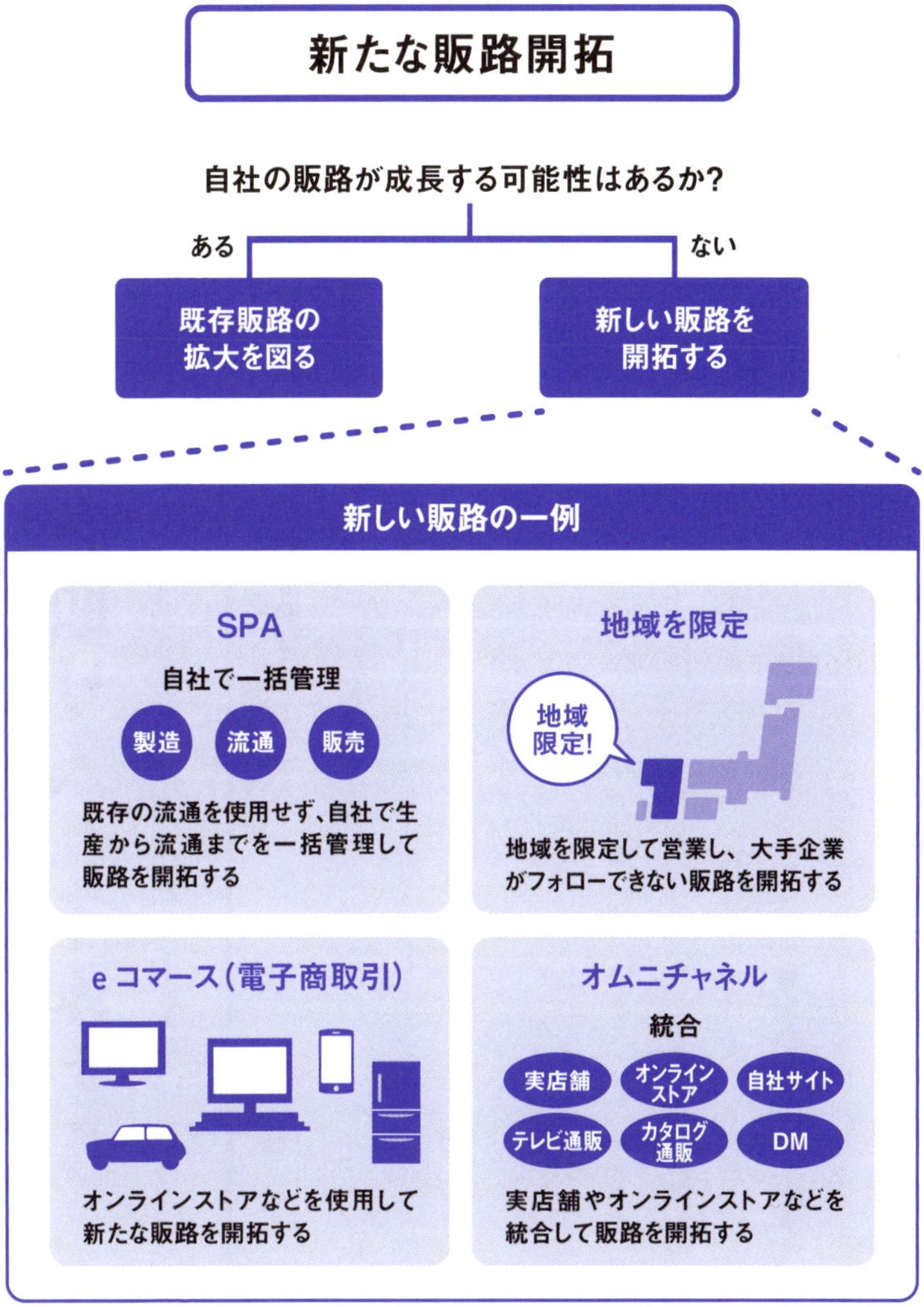
新たな販路開拓
自社の販路が成長する可能性はあるか?
ある
ない
既存販路の拡大を図る
新しい販路を開拓する
新しい販路の一例
SPA
自社で一括管理
製造
流通
販売
既存の流通を使用せず、自社で生産から流通までを一括管理して販路を開拓する
地域を限定
地域限定!
地域を限定して営業し、大手企業がフォローできない販路を開拓する
eコマース(電子商取引)
オンラインストアなどを使用して新たな販路を開拓する
オムニチャネル
統合
実店舗
オンラインストア
自社サイト
テレビ通販
カタログ通販
DM
実店舗やオンラインストアなどを統合して販路を開拓する

4-08

遊びの要素を取り入れてみよう

ゲーミフィケーションをマーケティングに使う

▼ビジネス分野以外にもヒントはある

近年はビジネス以外の分野からも、新製品や新サービスの開発に活かせそうな概念が登場しています。代表的な例としては、2011年頃からメディアでその名をよく聞くようになった「ゲーミフィケーション」が挙げられます。**ビジネス分野にゲームの要素が持ち込まれ、新たな製品やサービスが誕生したのです**。

たとえばナイキは、ゲーミフィケーションを活用して「Nike+」という仕組みをつくり出しました。これは運動したときの消費カロリーや移動距離といったデータを、腕時計の形をした装置や、ランニングシューズにつけられる装置を介して自動的に計測し、クラウド上にアップできるというものです。自分で立てた目標の達成度を実感したり、フェイスブックなどを通じて友人と競い合ったりと、ゲーム感覚で運動に取り組めます。

ゲーミフィケーションに限らず、ビジネス分野以外の概念にも目を向けてみると、新商品を開発するヒントを得ることができるでしょう。

ゲーミフィケーションの一例

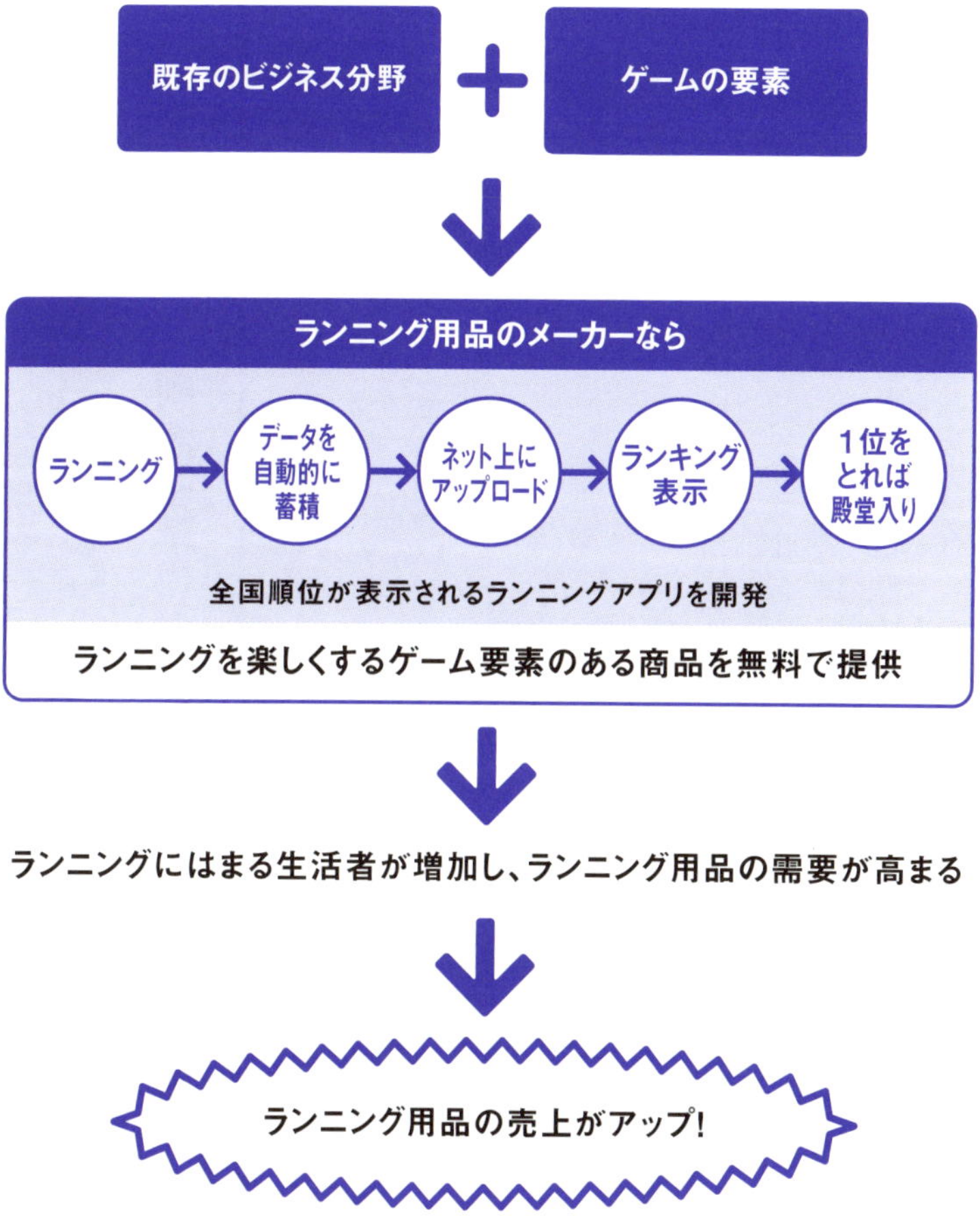

4-09

新商品の価格はどう決める？

判断基準になる「原価」「競争」「需要」

▼価格設定は収益を決める重要なテーマ

新しい商品を開発する際、価格設定は収益を左右する重大な要素になります。価格の決め方のひとつに、**「原価」「競争」「需要」のいずれかに着目する**方法があります。

原価に注目する場合、たとえば製品の価格においては、製造にかかった費用に、自社のマージンを上乗せすることが多いようです。ただ、マージンの設定などはあくまでも自社都合であり、生活者の意識が反映されにくいという欠点があります。

競争に注目する場合、文字通り競合他社の価格を参考に決めます。競合商品と差別化できないときは、どうしても横並びに近い価格になることが多く、他社に先んじるのは難しくなりますが、反面、大きな失敗もないでしょう。

需要に注目する場合は、生活者が買ってもいいと思う水準を見越して価格を決めます。生活者のイメージ次第では大きな利益が出る可能性もありますが、反対にほとんど利益が出ないような価格設定になる場合もあります。

価格設定の視点

原価に注目

価格算出の考え方
原価＋利益＝価格

自社の都合を優先できる価格設定

●メリット
その商品で得たい利益を反映した価格にできる

●デメリット
生活者の意識が反映されないため、生活者が買いたい価格とズレが生じる可能性がある

競争に注目

価格算出の考え方
自社価格＜他社価格

他社に負けないことを優先する価格設定

●メリット
他社よりも安い価格設定ができるので、競争力が高まる

●デメリット
原価が高く、価格が低ければ、利益が出ない価格設定になってしまう可能性が高くなる

需要に注目

価格算出の考え方
生活者の意識＝価格

生活者に適していることを優先する価格設定

●メリット
需要に見合った価格設定が可能。大きな利益を生むこともある

●デメリット
生活者が欲しいと思う価格の目測を誤れば、ほとんど売れない可能性がある

4-10

価格の「弾力性」に注目しよう

値下げが効く商品、効きにくい商品

▼商品による弾力性の違いを把握しておこう

いったん商品の価格を決めても、状況に応じて見直す必要があります。物価、原材料の価格、需給バランスなど、さまざまな影響を受けて、値下げや値上げがおこなわれます。一般的には値下げされるほど、売れ行きが高まると思いがちですが、その影響は商品によって大きく異なります。値下げすると売れ行きがよくなる商品と、それほど売れ行きが変わらない商品があるのです。**値下げにより売れ行きがよくなることを「価格弾力性が高い」、反対に値下げしても反応が鈍いことを「価格弾力性が低い」と表現します。**

たとえば食品を例にとると、スーパーで徳用のお菓子などが安売りされると、すぐに食べる予定がなくても、思わず買い物カゴに入れてしまう人がいると思います。一方でお米やパンなどは、安売りされていても、飛びつくことは少ない可能性があります。一般的に生活必需品は価格弾力性が低く、嗜好品は価格弾力性が高いといわれています。また、長期保存が可能かどうかも、価格弾力性を左右します。

価格弾力性の考え方

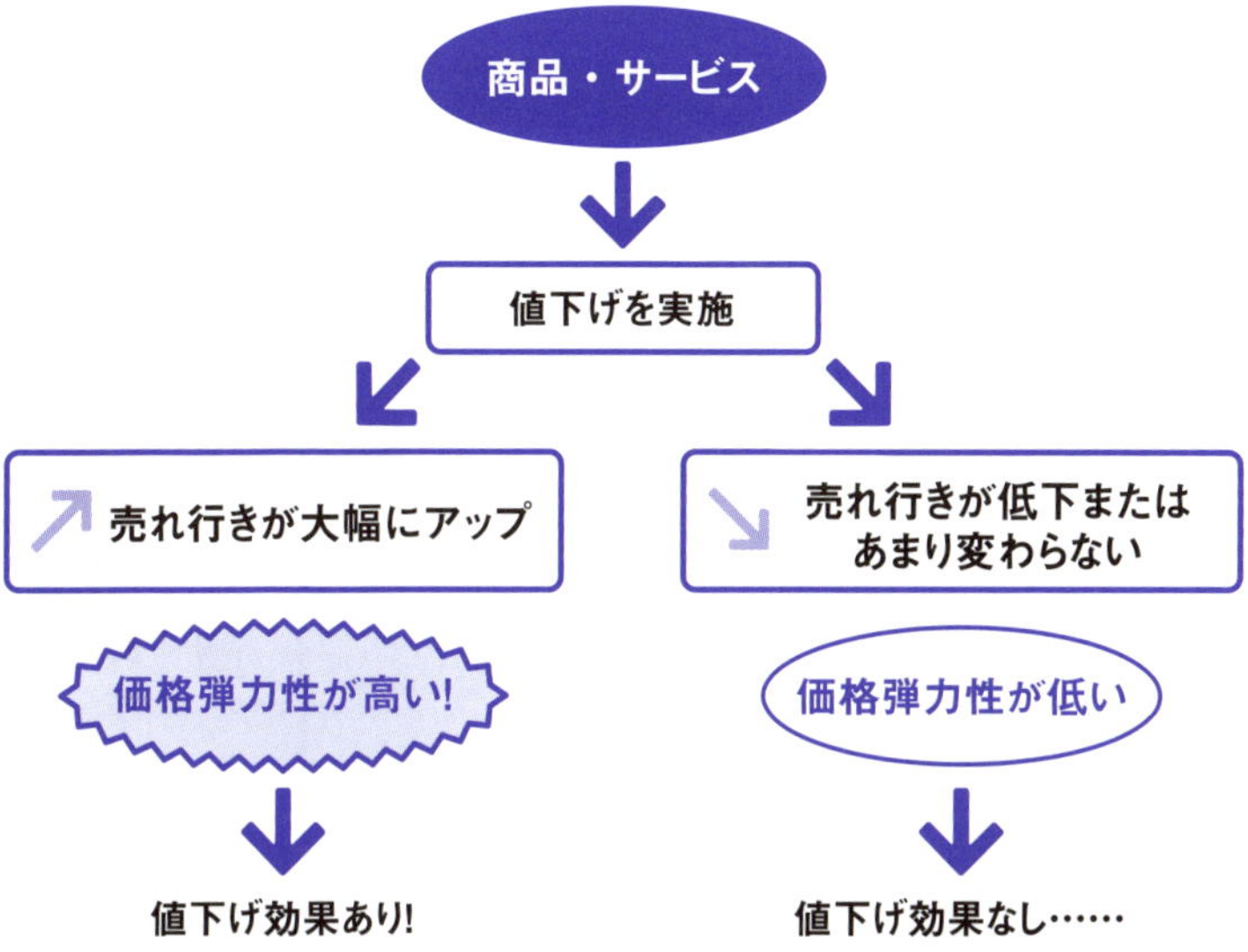

価格弾力性	商品の特徴	主な商品
高い	嗜好品に多い	車、高価な家具、カメラ、お菓子、タバコ、酒類など
低い	生活必需品に多い	トイレットペーパー、スポンジ、シャンプーなど

価格弾力性を見極めて、値下げの判断をしよう!

4-11

導入期に効果的な2つの価格設定

先を見越したスキミングとペネトレーション

▼上澄みをとるか、浸透させるか

新商品の価格を決めるときに検討しておきたいのが、「スキミング」と「ペネトレーション」という価格設定です。

スキミングは文字通り、「上澄み」をすくうことを目的とした価格設定です。市場における上澄みとは、富裕層やイノベーターのことを指します。導入期は高い価格を設定しても、新しいものが好きな人を中心に、ある程度の売れ行きは見込めます。比較的高い収益が期待でき、また競合他社が参入してきた場合、価格を下げて対抗することもできます。IT機器などで、最初はハイスペックで高価なモデルに絞り、あとで価格を抑えたエントリーモデルを出すといったことも、スキミング的な発想です。

一方、**ペネトレーションは「浸透」という意味を持ち、新商品を早く市場に浸透させるため安く売るような価格設定を指します**。利益は薄くても、早めにシェアを押さえることで、優位性を築くという発想です。

商品導入期の2つの価格戦略

スキミング(上澄み)戦略

上澄み(富裕層・イノベーター)を狙う価格設定

価格設定の考え方

●導入期
高い価格を設定し、富裕層やイノベーターを相手にする

●競合の参入後
価格を下げて、競合に対抗する

●メリット
顧客ひとりあたりの利益が大きく、後発が現れても対応しやすい

●デメリット
富裕層やイノベーターを対象にするため、顧客数が少なくなってしまう

狙い 利益を出しづらい商品導入期に、富裕層やイノベーターなら購入してくれる高価格帯に価格設定することで利益を出す

ペネトレーション(浸透)戦略

商品を浸透させることを主眼に置いた価格設定

価格設定の考え方

●導入期
低い価格を設定し、市場シェアを拡大する

●競合の参入後
低価格のため競合の参入障壁が高くなる

●メリット
市場を早めに押さえることができる。競合に対しては価格の安さが参入障壁となる

●デメリット
一度、低価格にしてしまうと、値上げするのが難しい

狙い 一気に市場シェアを伸ばし、競合が参入しづらい価格設定にすることで、自社商品の売上を伸ばしていく

4-12
生活者がお得だと感じる価格は？
端数価格をはじめとする値付けのテクニック

▼やみくもに値下げをしてもダメ

生活者の財布の紐をゆるめる価格設定とは、どういうものでしょうか。**やみくもに価格を下げるよりも、生活者の心理に訴えかけることが肝心です**。

よく見かけるのが「端数価格」です。実生活で買い物をしていると、1万9800円や98円といったように、半端な価格をよく見かけます。2万円や100円といったキリのいい数字からわずかに値下げすることで、お得感をアピールする手法です。

あえて値下げをしない「名声価格」を利用した戦略もあります。ブランド品や宝飾品などは、価格自体が品質の目安になるため、値下げすると逆効果になることがあるのです。

缶コーヒーは平均して130円といったように、生活者が親しんでいる価格にあわせる「慣習価格」もあります。値上げしにくい一方で、値下げ圧力も低いといえます。

このほか、特上・上・並といった選択肢ごとに価格を設定する「段階価格」や、極端に価格を高くする、あるいは安くして特別な印象を与える「差別価格」などがあります。

価格設定のテクニック
端数価格
9,800円
1,980円
98円
キリのいい数字よりもわずかに
下げてお得感を演出
名声価格
ブランド物
価格自体が品質の目安となる
商品では高価格を設定
慣習価格
ジュース
coffee
ウーロン茶
130円
慣習的な価格を設定。
値下げ圧力が低いことが特徴
段階価格
特上
上
並
5,000円
2,000円
980円
選択肢ごとに段階的な価格
設定をおこない訴求する方法
差別価格
コンサート
VIP席/3万円
訳あり品
30,000円
9,800円
VIP席や訳あり品などの特別な
印象を与える価格設定
価格設定の
方法を駆使して、
生活者の心情に
訴えることが大切

4-13 「サービス」の特徴を覚えておこう

無形性などモノにはない特性がある

▼4Pに3つのPを加えた7Pでアプローチする

モノを開発するためのマーケティングは、これまでの説明で概略がつかめたと思いますが、ここからはサービスについて解説します。

モノと比較してサービスの特徴的なところは、形がない、見えないという「無形性」、生産と消費がセットになる「同時性」や「不可分性」、品質を標準化できない「異質性」、保存することができない「消滅性」などが挙げられます。モノのように手にとったり、道具として長く使用したりできないため、サービスを提供するたびに、いかに顧客に知覚してもらうかがカギとなります。そのためには「サービスを提供する人」や、「サービスを提供する環境」、そして「サービスを組み立てるときの方針や手順」などが重要になります。

マーケティング・ミックスをおこなう際も、**4Pに参加者（participants）、物理的な環境（physical evidence）、サービスを組み立てるプロセス（process of service assembly）の3つのPを加えた7P**を意識して戦略を検討するべきだとされています。

モノと比較したサービスの特性

サービスという無形財には、有形財にない特性がある

無形性…形がない、見えない、ふれられない

同時性…生産と同時に消費が生まれる

不可分性…生産と消費を分けることができない

異質性…品質を標準化することができない

消滅性…保存することができない

上記のような特性を踏まえて、4Pに3つのPを加えた「サービス・マーケティング・ミックス」をおこなう

4P

- 製品 product
- プロモーション promotion
- 価格 price
- 流通 place

＋

3P

- **参加者 participants**
  サービスを提供する人・サービスを受ける人・そのほかのスタッフや顧客など
- **物理的な環境 physical evidence**
  素材・色・照明・温度など
- **サービスを組み立てるプロセス process of service assembly**
  方針や手順・生産や納品の管理・教育や報奨制度など

4-14

サービスを分類してみよう

大きく無形行為と有形行為がある

▼分類することで開発の要点が見えてくる

サービスについて、もう少し掘り下げてみましょう。まずサービスの内容は、無形行為と有形行為に大別することができます。

無形行為は、銀行や保険といった無形の資産へのサービス、あるいは教育や劇場といった人の心に向けられるサービスを指します。有形行為は、マッサージや美容院、レストランといった人の体に向けられるサービスや、荷物を運んだり機械を修理したりするモノへのサービスをイメージすればわかりやすいでしょう。

このサービス分類法を見出したクリストファー・ラブロックは、ほかに**「顧客との関係」「サービスが提供される際の個別度合いと判断力への依存度」「サービスの供給に対する需要の変動や特質」「サービスを提供する方法」**といった分類も提唱しています。

詳しくは左の図にまとめますが、自社でサービスを新たに開発するときは、このような分類法をもとに細かく分析していくと、サービスの開発ポイントが見えてきます。

サービス分析のためのチェック項目

下記の項目に沿って、自社でサービス化する事業を分析すれば
どの領域を強みとし、どうサービス開発に着手するべきかがわかる

顧客との関係

- □ 顧客とは会員関係にあるか、それとも形式的な関係はないか
- □ サービスは継続的に提供されるのか、それとも単発でその都度提供されるのか

サービスが提供される際の個別度合いと判断力への依存度

- □ サービスの内容が顧客によってカスタマイズされる程度が高いか、低いか
- □ 個別のニーズに対し、サービス提供者に対応を任せる度合いは高いか、低いか

サービスの供給に対する需要の変動や特質

- □ 時間の経過によって需要の変動が大きいか、小さいか
- □ ピーク時にあっても、遅れずに需要を満たすことができるか、できないか

サービスを提供する方法

- □ サービスを提供する場所は単一の場所か、複数の場所か
- □ 顧客が足を運んでサービスを受けるか、それともサービス提供者が足を運ぶか
- □ 顧客とサービス提供者が対面するか、しないか
（対面しない例としては、インターネットや郵便による取引などがあてはまる）

4-15

サービスは時間との勝負

企業のイメージを決定付ける「真実の瞬間」

▼わずかな接触時間が印象を左右する

サービスは提供と消費が同時に発生しますが、顧客とサービス提供者が交わる時間と場所は、マーケティング活動で最重要視したいポイントです。顧客とサービス提供者が出会う場、あるいはサービスを提供する場のことを、「サービス・エンカウンター」といいます。**サービス・エンカウンターは、「真実の瞬間」ともいわれます**。スカンジナビア航空（以下ＳＡＳ）グループの社長兼ＣＥＯを務めたヤン・カールソンの自伝『真実の瞬間』から引用された言葉で、同書で紹介されたＳＡＳの取り組みは、サービス・エンカウンターの本質をよくあらわしています。ＳＡＳは１９８６年におこなった調査で、１０００万人の乗客が、それぞれ概ね5人の同社社員に接し、その接触時間は1回あたり平均15秒であることをつかみました。この15秒で顧客がどう感じるかにより企業のイメージが決定付けられるという視点から、ＳＡＳはさまざまな経営改革を実行し、財務危機に陥っていた状況から1年も待たずに定時発着率などを大幅に改善することに成功しました。

サービス・エンカウンターの発見

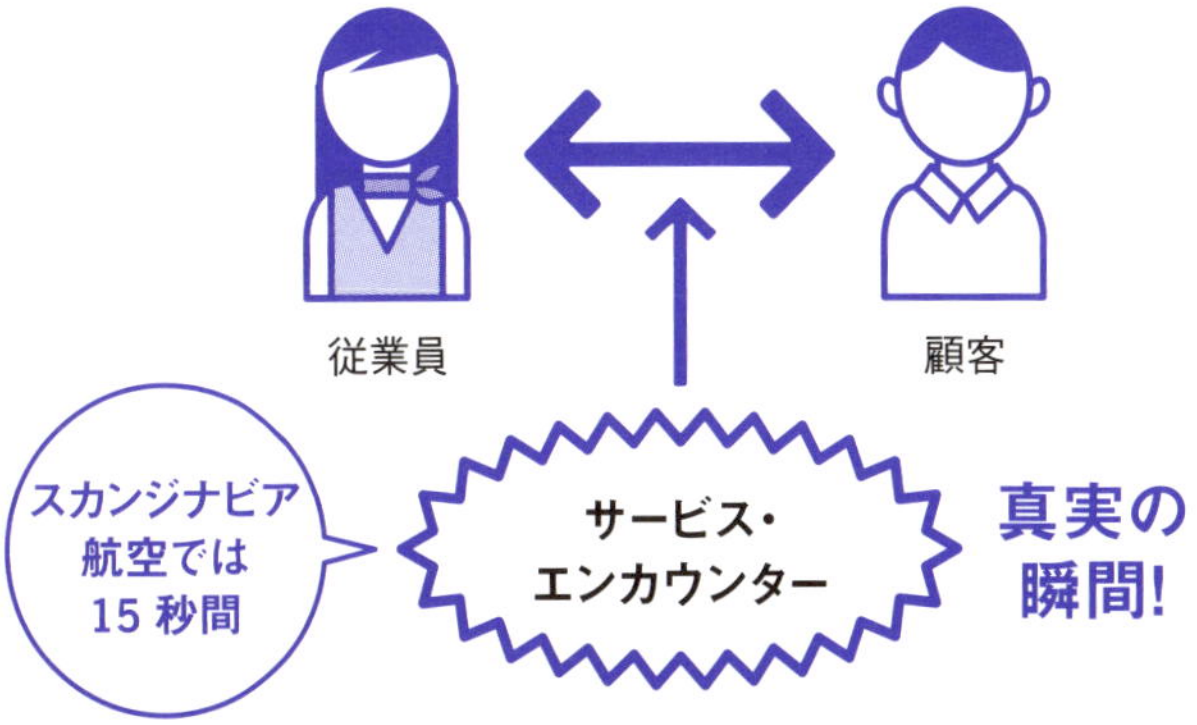

従業員と顧客が接触する場面に注目することで売上を改善する

eコマースを使用している場合

サービス・エンカウンターを重視している例

eコマースの使い勝手を重視し、生活者の操作性をよくする

サービス・エンカウンターを活用できていない例

eコマースの使い勝手を悪いままにしていると、利用客が増えず、売上が伸びない

eコマースでも15 秒ルールが有効!

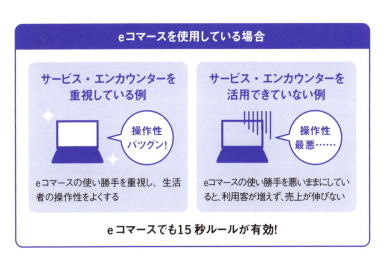

▼サービス・エンカウンターを活かす5つのポイント

サービス・エンカウンターの概念を意識したマーケティング活動をするには、どのようなことに気を配ればよいでしょうか。以下にポイントを挙げておきましょう。

①時間の管理……いわゆるタイムマネジメントのことで、15秒の「真実の瞬間」をはじめ、限定的な時間をいかに演出するかといったことのほかに、繁忙期には値上げして閑散期には値下げするといった需要と供給にあわせたマネジメントをおこなう

②関与の程度……サービス提供者がすべてのサービスをおこなうフルサービスのほか、顧客にもサービスにかかわってもらうセルフサービスなども視野に入れる

③学習……顧客がサービスに慣れてくると、当然その感じ方も変わってくるため、初心者向け、上級者向けといった具合にサービスを使い分け、コストと顧客満足度のバランスをとる

④安心・安全、快適さ、アクセスのしやすさ……生産と消費の同時性を考慮し、サービス提供者と顧客の両者にとって快適な環境を実現する

⑤適切な質と量のコミュニケーション……顧客の意図を察知し、質・量ともに適度なコミュニケーションをとることに意識を向ける

以上の5つは、サービスを改善するときだけではなく、新しいサービスを開発するときにも、必ず頭に入れておきたい項目です。

5つのサービス・エンカウンター活用法

サービス特性に合わせて活用法を変えていこう！

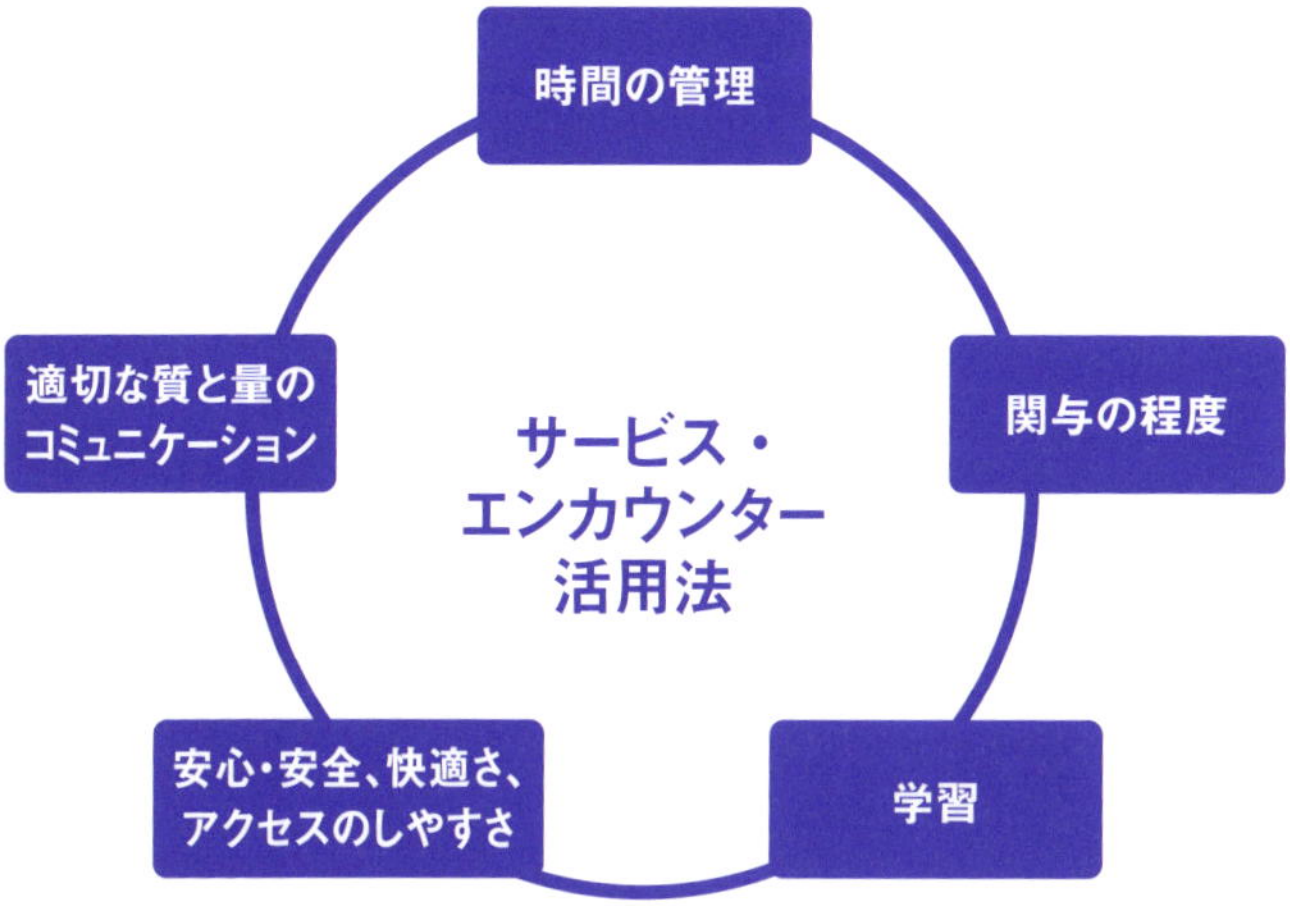

時間の管理	時間をいかに売るかという視点。繁忙期や閑散期で値段を変える方法などがある
関与の程度	価格に応じてサービスを変える。価格を安くし、セルフサービスにする方法などがある
学習	顧客が自社のサービスに慣れること。初心者向け、上級者向けなどを用意する方法がある
安心・安全、快適さ、アクセスのしやすさ	生産と商品の同時性を考慮し、サービス提供者と顧客にとって快適な環境を実現する
適切な質と量のコミュニケーション	顧客の意図に即して、互いによい関係となるように適切なコミュニケーションをおこなう視点

4-16

顧客目線でギャップを埋めよう

SERVQUALモデルでチェックする

▼サービス提供者が客観的に品質を評価するのは難しい

いくら自慢のサービスでも、顧客が求めているものとギャップがあれば、よいサービスとはいえません。綿密に設計したサービスでも、意外なところで顧客の要望を満たしていないことはよくあります。サービスを提供する側からは、サービスの品質を顧客目線で評価することは難しいのです。顧客のサービス評価についてモデル化した「SERVQUALモデル」では、サービス提供者と顧客の間に5つのギャップがあるとしています。いくつかポイントを抜き出してみましょう。

- **顧客が期待していることと、それに対する経営者の認識の違いによるギャップ**
- **サービスの品質や手順などが、経営者の考えているレベルと違うことによるギャップ**
- **実際に提供されたサービスが、広告などの告知内容と異なることによるギャップ**

右のような項目に注意して、顧客が抱いていた「期待」と、実際にサービスを受けたときの「経験」の間に生じるギャップを埋め、経験が期待を上回るようにすることが肝心です。

SERVQUAL（ギャップ）モデル

●サービスの品質を測定するモデル

●顧客の期待と実際のサービスにはギャップが存在する

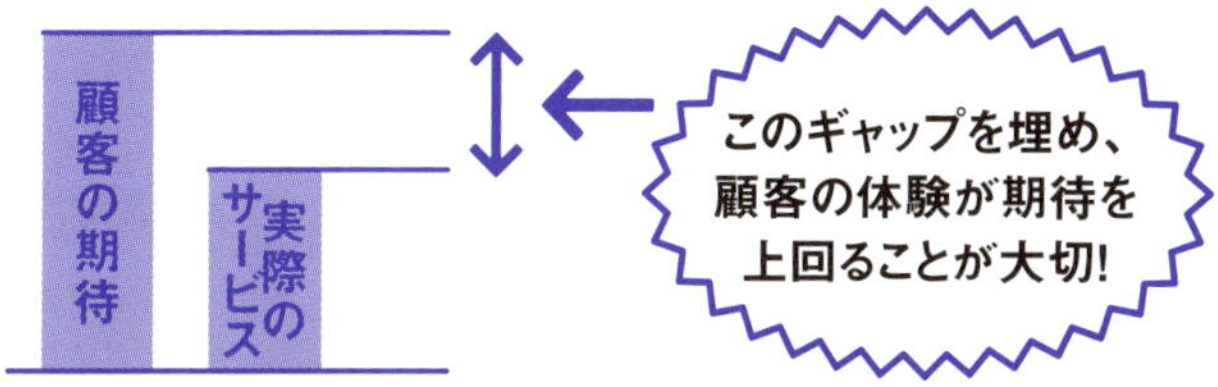

●顧客とサービス提供者の間に存在する5つのギャップ

ギャップ1	経営者が考える顧客の期待と、実際に顧客が期待することの間にあるギャップ
ギャップ2	経営者が正しく顧客の期待を把握しているが、実際にサービスに反映できていないギャップ
ギャップ3	提供されるサービスと、経営者が考えているサービス品質の間にあるギャップ
ギャップ4	広告など事前に顧客に告知されていた内容と、実際に提供されたサービスのギャップ
ギャップ5	ギャップ1～4が、顧客が期待するサービスと実際にサービスを受けた印象や経験の落差となる

▼顧客目線でチェックするべき要素

ＳＥＲＶＱＵＡＬモデルで提唱されているチェック項目を使って、実際に顧客目線でサービス品質を評価してみましょう。次の10項目を確認してみてください。

①物的要素……施設の内観・外観や従業員の外見などはどうか
②信頼性……約束は守られているか。信用はできるか
③応答性……スタッフはすぐにサービスを提供してくれるか
④コミュニケーション……顧客に情報を提供してくれるか。顧客の話をよく聞き、個々に最適な表現をしてくれるか
⑤信用性……顧客の利益を優先してくれるか。頼りになるか
⑥安全性……顧客を心配させるようなことはないか。危険は感じないか
⑦能力……スタッフがサービス提供に必要な知識や技能を持っているか
⑧礼儀正しさ……気分を害されるようなことはないか。サービスに思いやりはあるか
⑨顧客理解……顧客の要望を理解しようとしているか
⑩アクセス……利用しやすい場所にあるか。連絡はすぐにとれるか

自社の扱う分野によって、サービスの構成要素は変わってきます。自社のサービスとかかわりの深い項目を見つけて、顧客目線で品質を改善すれば、他社と差をつける優位性となるでしょう。

サービス品質の構成要素

SERVQUALのチェック項目

項目	説明
物的要素	施設の内観・外観や従業員の外見などはどうか
信頼性	約束は守られているか。信用はできるか
応答性	スタッフはすぐにサービスを提供してくれるか
コミュニケーション	顧客に情報を提供してくれるか。 顧客の話をよく聞き、個々にあった表現をしてくれるか
信用性	顧客の利益を優先してくれるか。頼りになるか
安全性	顧客を心配させるようなことはないか。危険は感じないか
能力	スタッフがサービス提供に必要な知識や技能を持っているか
礼儀正しさ	気分を害されるようなことはないか。サービスに思いやりはあるか
顧客理解	顧客の要望を理解しようとしているか
アクセス	利用しやすい場所にあるか。連絡はすぐにとれるか

保証性 ← コミュニケーション・信用性・安全性・能力

共感性 ← 礼儀正しさ・顧客理解

顧客目線で品質を改善し、他社と差をつけるのに役立つ基準

4-17

製造業とサービス業を融合する

モノを包括するサービス・ドミナント・ロジック

▼製造業はサービス業化している

ここまで製品、サービスの新商品開発について紹介してきましたが、近年は両者を別のものとしてとらえるのではなく、包括的にとらえる「サービス・ドミナント・ロジック」という考え方がマーケティングに活かされています。たとえばモノを最終的な提供物と位置付けず、サービスを提供する媒介・手段としてとらえます。

実際、サービス業、製造業は融合しつつあります。たとえば、自動車メーカーが自動車の販売に加えて、自社ブランドのクレジットカードや保険といったサービス業的な領域に乗り出すケースが挙げられます。一方で、革新的な商品を次々とリリースしたアップルのように、製品の企画設計やマーケティングは自社で担い、製造は外部に託す「ファブレス化」の動きも活発です。メーカー的な位置付けでありながら製造設備を持たない戦略は、自社事業をサービスとして他企業に販売することで成り立っているのです。製造業のサービス業化によって、新たな市場やビジネスモデルが創造されています。

サービス・ドミナント・ロジックの概要

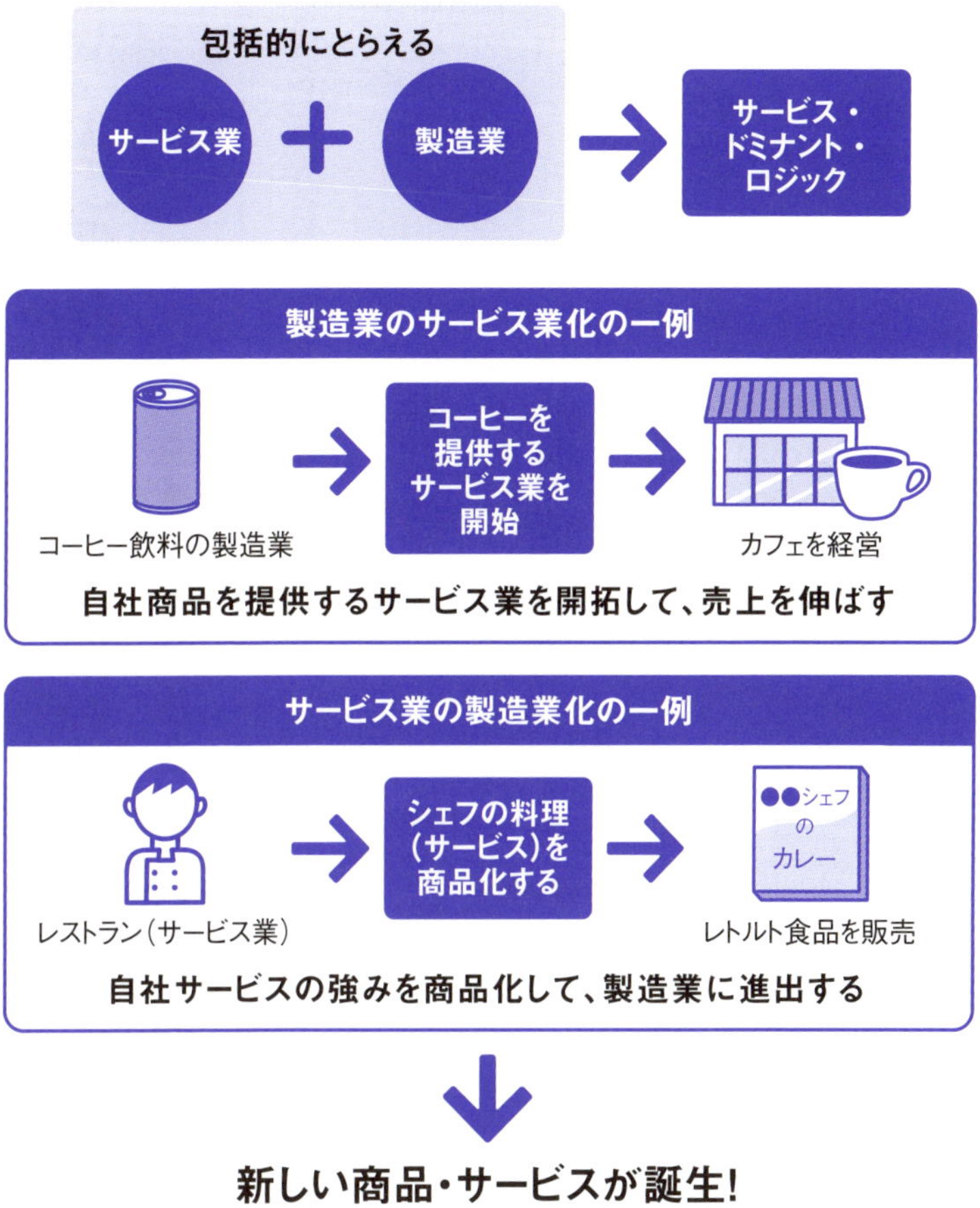

4-18

ヒット商品には模倣があらわれる

レッドオーシャン化させないための危機管理

▼先行優位性を活かして後発を退ける

新商品の開発について、最後にふれておきたいのは、模倣に対する危機管理です。せっかく新たな市場を切り拓いても、**競合他社の模倣にあい、一気にレッドオーシャン化することも少なくありません**。たとえば、サントリーの「はちみつレモン」は新市場を創造する大ヒットを記録しましたが、多くの競合他社が市場に参入したことで、市場自体がつぶれてしまいました。模倣には大きく2つの傾向があります。まずマイナーな企業が参入するときは、本家より劣る類似品を投入し、安価に販売する傾向があります。粗悪品の乱売により市場が荒れるケースもしばしばあります。一方、大手企業が後発として参入するときは、市場構造を変えるほどのインパクトで新商品を投入してきます。この場合、広告費や販促費にも潤沢な予算を割いて、商品を流通に投入します。

ただ追うものが常に強いわけではなく、ドライビール市場の開拓者であるアサヒビールが後発を退け市場を独占したように、先行優位性が活かされるケースもあります。

追随商品に対する危機管理

追随対策をまったくしていないと……

新市場を開拓 → 続々と競合が参入! 競合A 競合B 競合C 競合D → 一気にレッドオーシャン化

参入障壁の低い新市場は競合がどんどん参入してくる

しっかり追随対策をしていると……

新市場を開拓 → 競合をブロック! 競合A 競合B 競合C 競合D → 市場のレッドオーシャン化を遅くできる

参入障壁が高い新市場には、競合は参入しづらい

●追随してくる企業規模別の対策

大手企業が追随してきた場合

自社商品のファンを増やして対抗

既存顧客を自社の熱烈なファンにするマーケティング活動を駆使して対抗する

マイナー企業が追随してきた場合

先行優位性を駆使して対抗

売上ナンバー1をアピールするなど亜流を選ばせないマーケティングを実施

column

新商品のマーケティングは内部環境にも気を配る

新製品や新サービスを開発する際、外部環境ばかりに気を配るのではなく、内部環境にも丁寧なアプローチが必要です。とくに新規販路を開拓するような大規模なマーケティング活動では、多大な手間と投資が必要になり、経営者をはじめ担当役員、上司の同意を得ることが欠かせません。社内でプレゼンテーションをおこなうときなどは、細心の注意を払い、しっかり準備して説得力を高めましょう。

たとえば経営者や担当役員が高齢なら、外来語やカタカナはできるだけ使用せず日本語に置き換え、文字だけでなく図表や画像を用いてわかりやすく説明するといった配慮が必要です。

また企業としてこれまでにない新たなマーケティングの取り組みや仕組みが必要な場合には、左脳型の理論や理屈に終始せず、海外も含めた先行事例を使って説明するようにします。具体的な事例があると誰にも想像しやすく、理解が促されるからです。

社内でマーケティング作業やプレゼンテーションを実行する際も、決して油断することなく、石橋を叩くくらいの姿勢でのぞみます。

第５章

いまある商品を売るマーケティング

5-01

自社の商品をどう顧客に届けるか

ミクロ・マーケティングなど適切な細分化がカギ

▼市場と顧客を分析しニーズに応じた戦略をとる

自社製品やサービスを顧客に届けるには、どんなマーケティングが必要になるのでしょうか。一昔前は、大量生産品を多数の人々に届けたいような場合に、マス・マーケティングが盛んにおこなわれていました。ただ26ページで述べたように、現在は万人を相手にビジネスをすることは難しく、**市場と顧客を深く分析し、ニーズに応じて的確に商品を届けていく方法が主流になっています**。

たとえば、76ページで紹介したセグメンテーションによって、自社に最適な顧客を選んで製品やサービスを届ける「セグメント・マーケティング」のほか、さらに市場を細かく見て、大企業が相手にしない小さな市場や隙間市場を狙う「ニッチ・マーケティング」、もっと細かく地域や個人を対象とする「ミクロ・マーケティング」などが有効です。ミクロ・マーケティングには、ダイレクト・マーケティング（160ページ）やワン・トゥ・ワン・マーケティング（162ページ）も含まれます。

マーケティング別の対象とする市場規模

マス・マーケティング

大量に生産した製品を
大量に売りたいときに向いている
マーケティング。万人を相手に
マーケティングを仕掛ける

セグメント・マーケティング

マス・マーケティングが容易に
できない場合、自社に最適な
顧客を選定（セグメント）して、
効率よく働き掛けるマーケティング

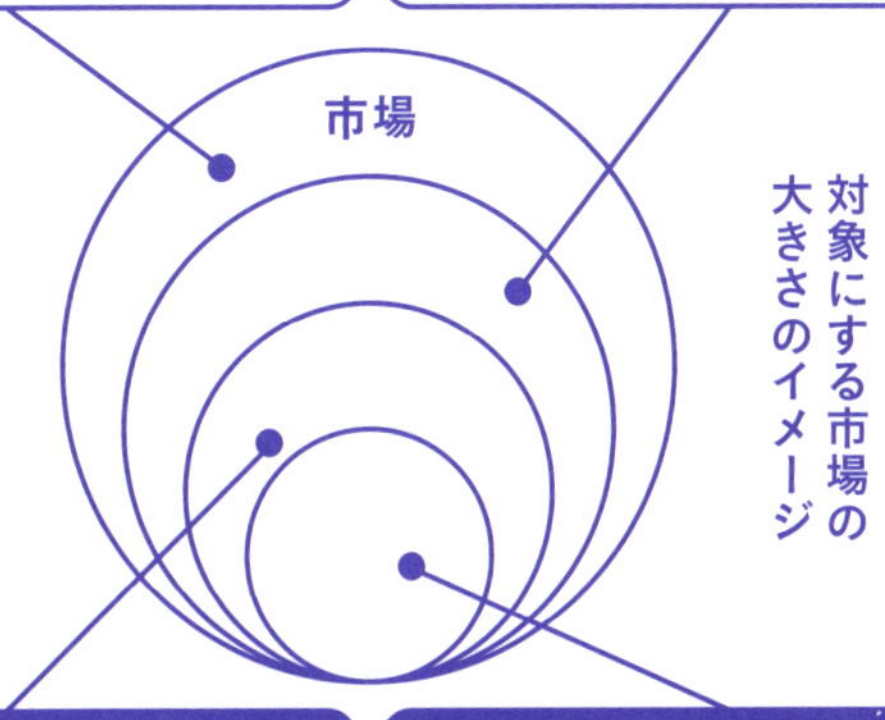

ニッチ・マーケティング

大手企業が相手にしない
小さな市場や、隙間の市場を
狙うことで、自社のシェアを
伸ばすマーケティング

ミクロ・マーケティング

地域や個人を対象に働き掛ける
マーケティング。ダイレクト・
マーケティングやワン・トゥ・ワン・
マーケティングなどが代表例

自社の商品の狙いと対象にあわせたマーケティングを実施する

5-02 顧客データを次に活かそう

優良顧客をつかむRFM分析

▼最新購買日・累計購買回数・累計購買金額の3つで分析

自社の商品を購入してくれた顧客からは、さまざまな情報を得ることができます。せっかく顧客データを持っていても、次回以降のマーケティングに活かさなければ、宝の持ち腐れです。顧客の購入行動や購入履歴といったデータを分析する「RFM分析」という方法を使って、多くの顧客のなかから優良顧客を見つけ出してみましょう。RFM分析は、次の3つの項目で成り立っています。

・R＝recency（最新購買日）……その顧客がいつ買ったか、最近購入しているか
・F＝frequency（累計購買回数）……その顧客がどのくらいの頻度で購入しているか
・M＝monetary（累計購買金額）……その顧客がいくら使ったか

3つの項目を1～5の5段階で評価し、「5・5・5」の評価を得た顧客が「最優良顧客」ということになります。また、単に優良顧客を把握するだけではなく、購買データなどから、どのような経緯で優良顧客になったのかを分析することも大切です。

RFM分析

RFM分析（1～5の5段階評価、5が最高評価）

Recency(最新購買日)	その顧客がいつ買ったか、最近購入しているか
Frequency（累計購買回数）	その顧客がどのくらいの頻度で購入しているか
Monetary（累計購買金額）	その顧客がいくら使ったか

最優良顧客

R	5
F	5
M	5

↓

対処法

長期的によい関係をキープするため、特別キャンペーンの案内や特別価格などを提示する

最も評価の低い顧客

R	1
F	1
M	1

↓

対処法

ダイレクトメールのリストから外したり、送る頻度を抑えるなどして、販促費用を見直す

●ワンポイント

RFM分析は、カタログ販売をはじめクリーニング店や美容室など、
繰り返し利用が見込める小売業やサービスに向いているが、
購入頻度が少ない住宅や自動車などには適していない

5-03

顧客からの反応を大切にしよう

レスポンスを重視するダイレクト・マーケティング

▼長年にわたって良好な関係を築く

たくさんの製品やサービスのなかから、自社の商品を選んでもらうには、顧客とどのような接点を築くかが重要になってきます。そのときだけ商品が売れればよいという発想ではなく、**企業と顧客がお互いに信頼関係をつくり、長年にわたって友好的な関係を維持しながら取引をおこなうのが理想です**。この取り組みに先鞭をつけたのが、1961年にレスター・ワンダーマンによって提唱された「ダイレクト・マーケティング」です。

ダイレクト・マーケティングは「顧客からレスポンスを獲得する」ことに主眼を置いています。広告を展開するときも、一方的に商品情報を生活者に伝えるだけでなく、試供品の配布などもあわせて告知することで「申し込み」というレスポンスを獲得します。そしてレスポンスをもとに顧客リストを作成し、関係を深めていくわけです。また、単に多くの顧客にダイレクトメールを送るといった場あたり的な対応ではなく、顧客の反応を見ながら、有望顧客には独自のアプローチをおこなうといった視点も重要です。

ダイレクト・マーケティング

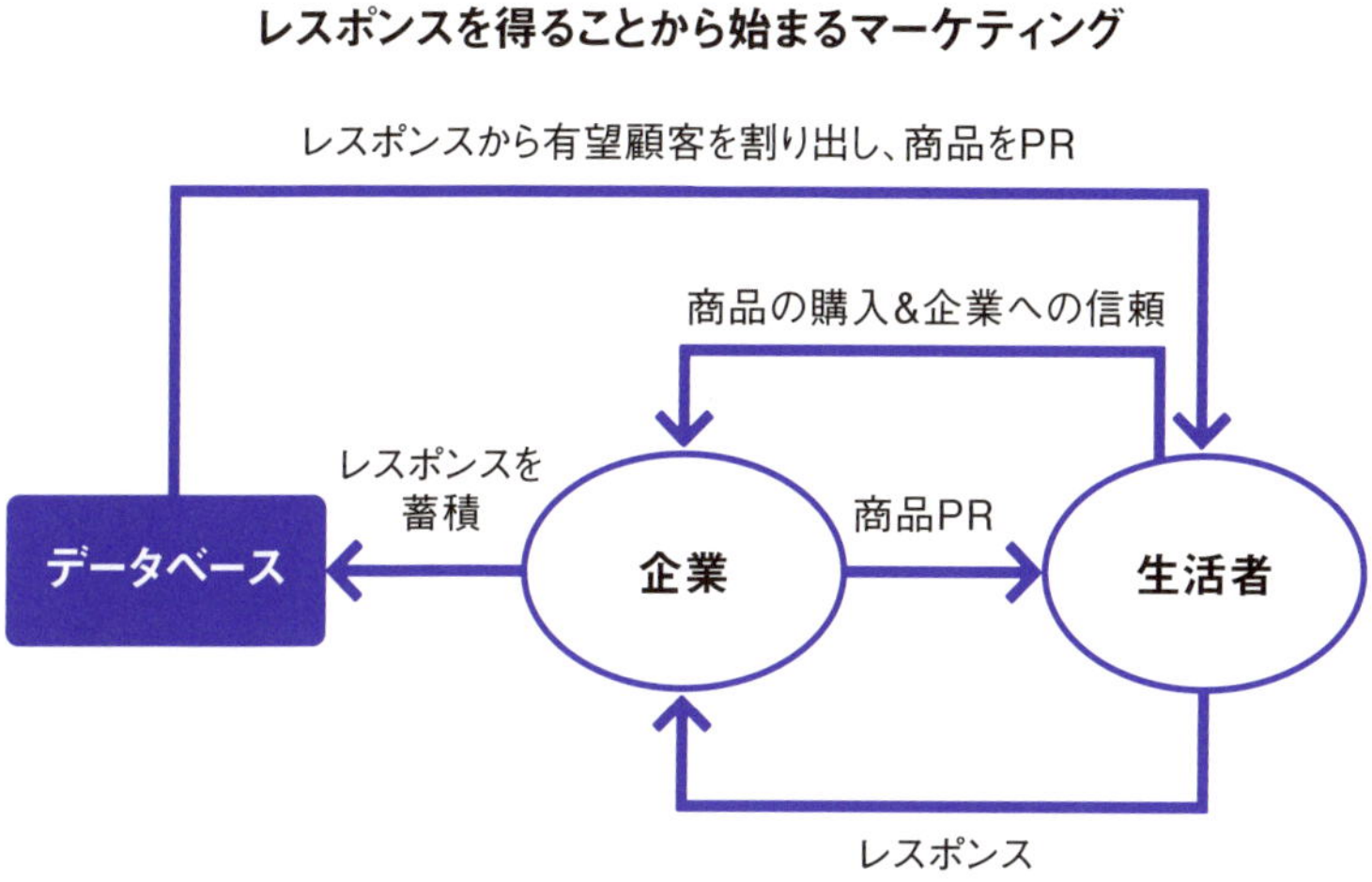

レスポンスを得ることから始まるマーケティング

●ダイレクト・マーケティングの一例（シャンプーの場合）

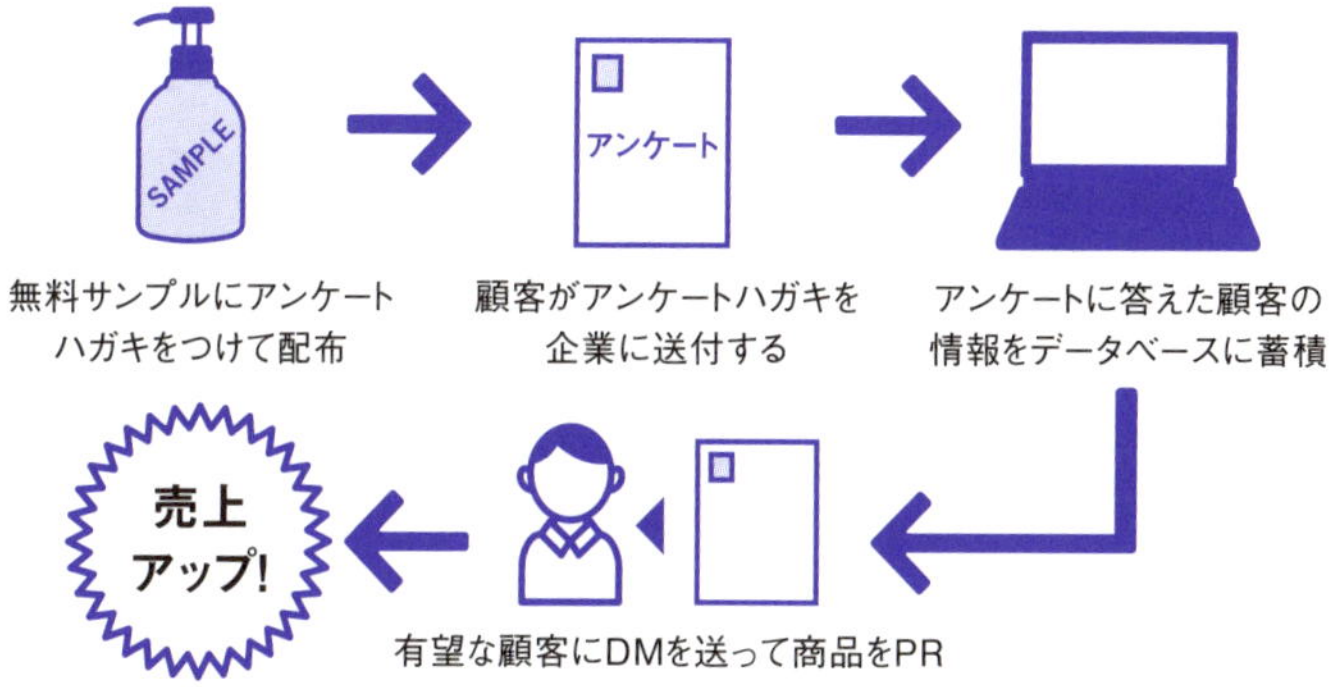

5-04

ひとり一人の顧客に向き合おう

個々が対象のワン・トゥ・ワン・マーケティング

▼ダイレクト・マーケティングが進化

160ページで紹介したダイレクト・マーケティングが進化した姿といえるのが「ワン・トゥ・ワン・マーケティング」です。ワン・トゥ・ワン・マーケティングでは、**顧客ひとり一人を取り巻く状況や趣味・嗜好、価値観やニーズをつかみ、個々の顧客に最適なアプローチをおこないます**。顧客を集団というくくりでとらえるマス・マーケティングとは対照的な概念です。マス・マーケティングで獲得した新規顧客から、ワン・トゥ・ワン・マーケティングで顧客データを抽出し、継続利用を促すという方法もよく採用されます。

ウェブサイトに掲載されているバナー広告では、生活者の検索行動や商品購入履歴を参照して、そのときどきに最適な広告を表示する仕組みがすでにできあがっています。一方で、あまりに自分と関連が深い広告ばかりが表示されるのを見て、不快感を覚えるユーザーが生まれることも事実です。こういった問題点から、164ページで紹介する「パーミッション・マーケティング」の概念が必要になります。

ワン・トゥ・ワン・マーケティング

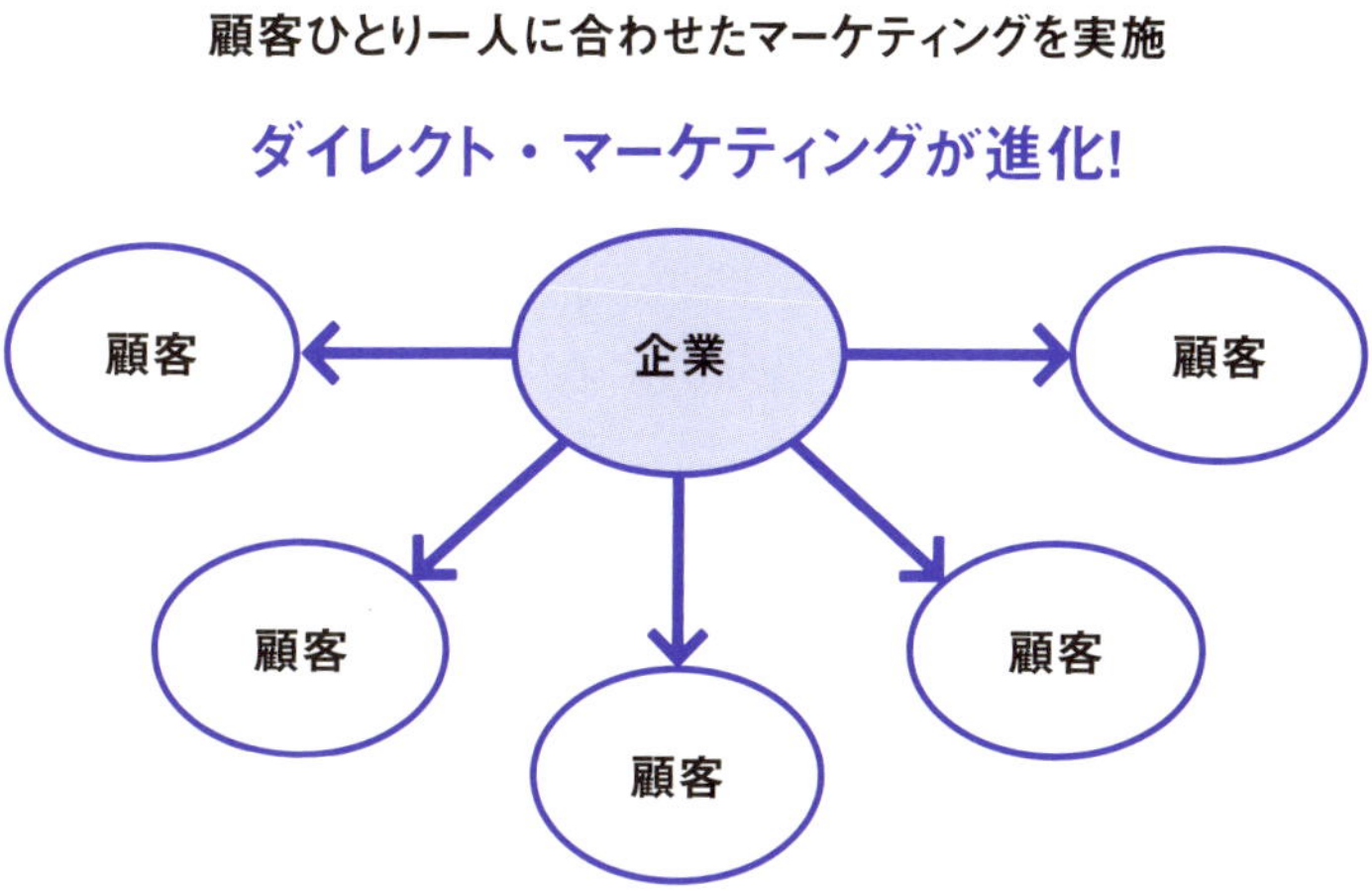

●ワン・トゥ・ワン・マーケティングの一例（抜け毛予防シャンプーの場合）

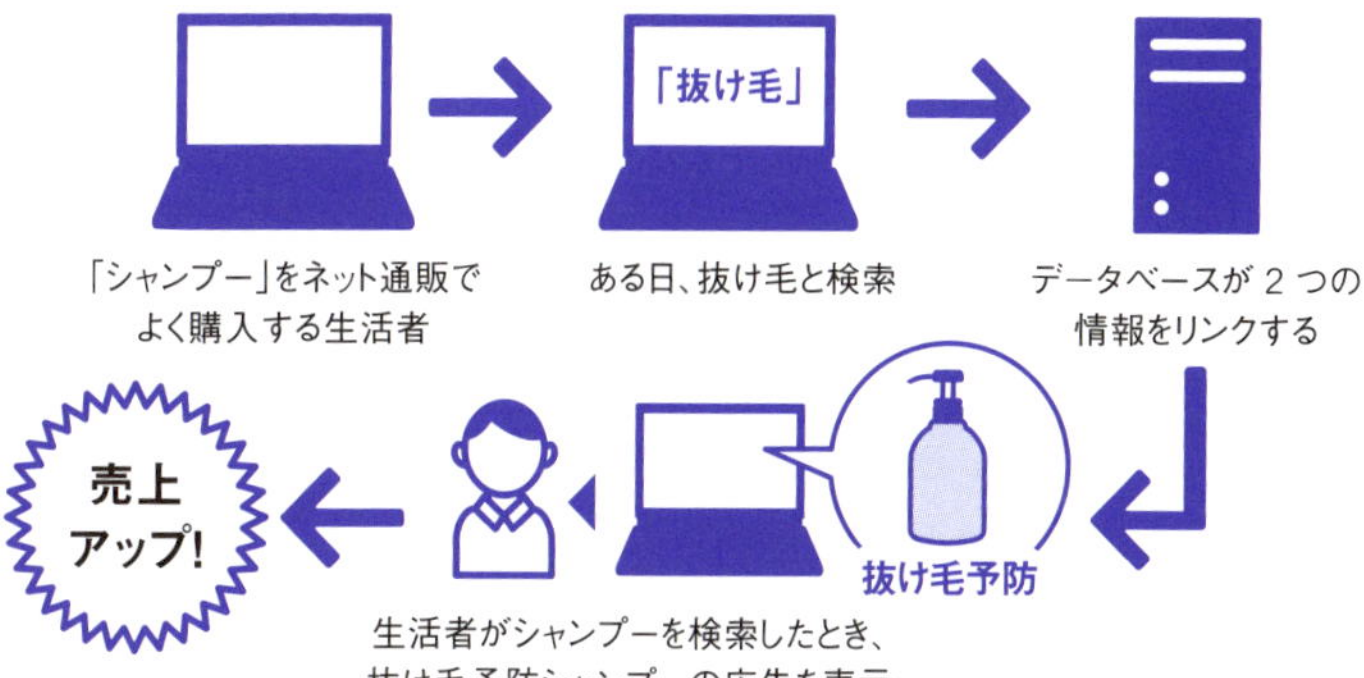

5-05

不快感を与えないコンタクトとは

許諾をとるパーミッション・マーケティング

▼「人との接触」がマーケティングのスタートになる

ワン・トゥ・ワン・マーケティングと似ていますが、**顧客に不快感を持たれないということに主眼を置いた**「パーミッション・マーケティング」という概念があります。これは1999年に、大手ポータルサイトを運営するヤフーのダイレクト・マーケティング担当副社長のセス・ゴーディンが提唱したものです。パーミッション（許諾）・マーケティングという名前が示す通り、顧客に対して事前に許諾をとり、その範囲内でマーケティング活動をおこなうことを指します。

ゴーディンは、ワン・トゥ・ワン・マーケティングが顧客に対する販売行為をスタートとするのに対し、パーミッション・マーケティングは「人との接触」からはじまると指摘しています。典型的な例としては、インターネットの情報サイトなどに、生活者が事前に自分の趣味や嗜好、興味分野などを登録しておき、その内容に沿った広告メールを受け取ることを許諾したうえで配信される「オプトインメール」が挙げられます。

パーミッション・マーケティング

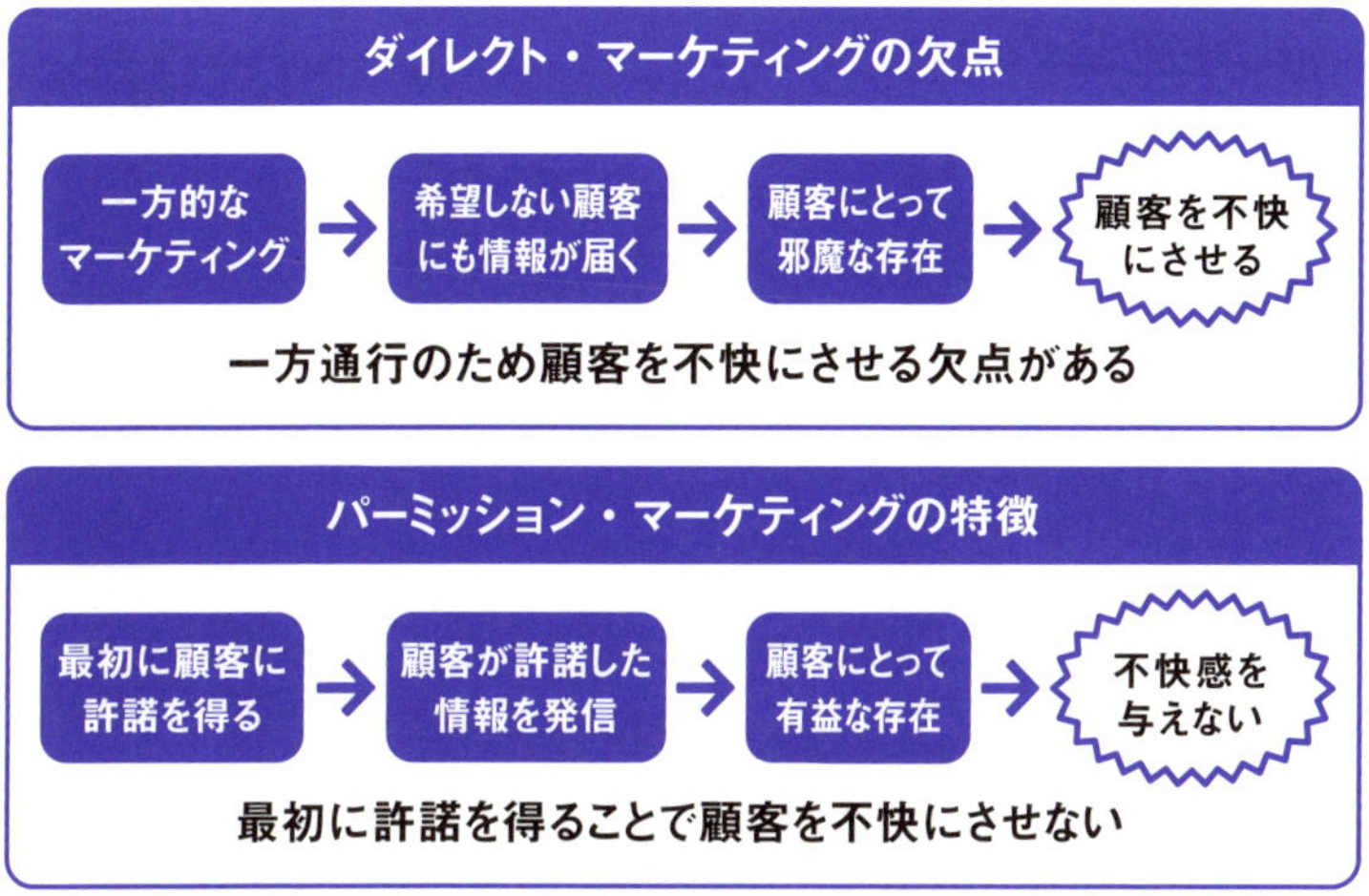

●パーミッション・マーケティングの流れ

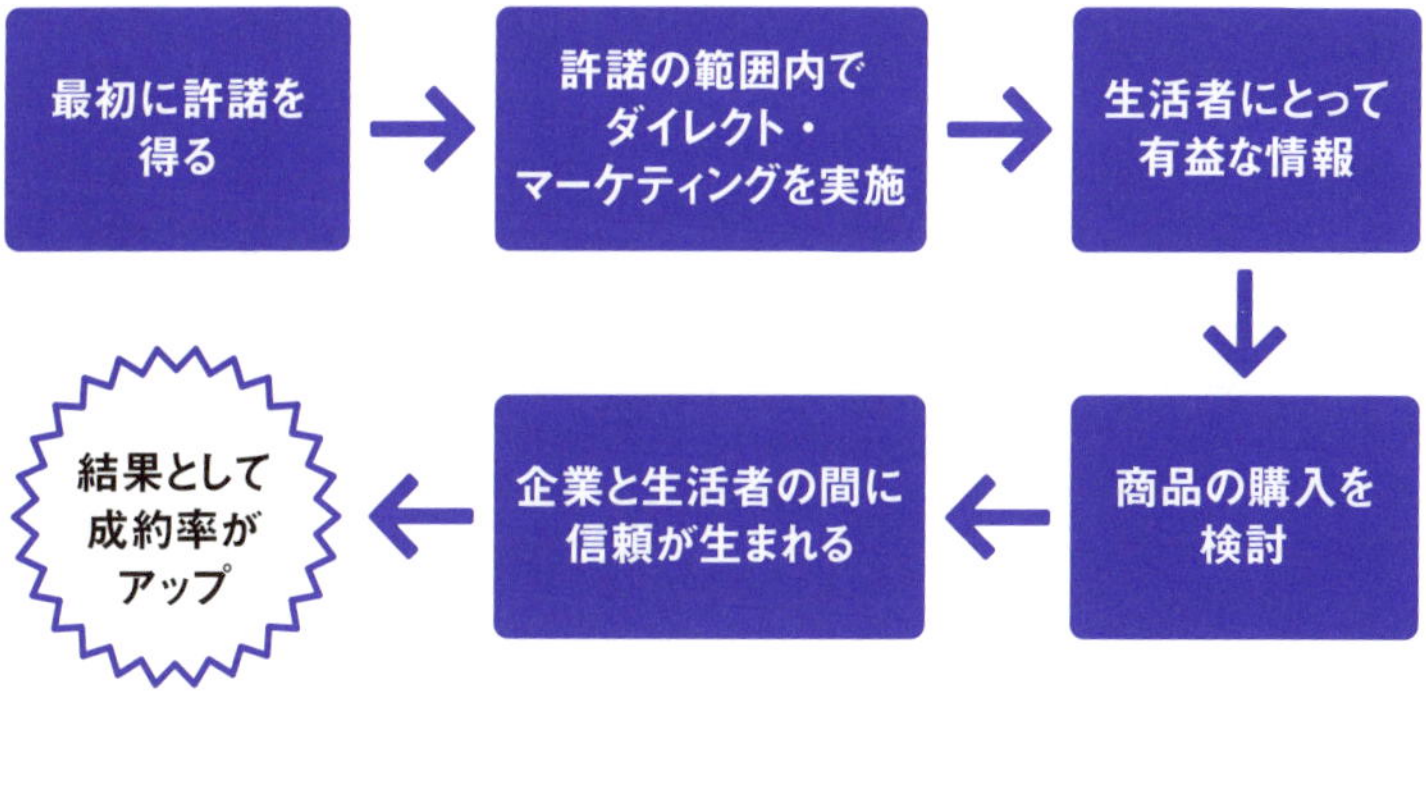

5-06

顧客との信頼関係を深めよう

CRMで個々の顧客のデータベースをつくる

▼顔が見えるコミュニケーションを心がける

顧客との信頼関係を深めるためには、「カスタマー・リレーションシップ・マネジメント（以下CRM）」という概念もぜひ覚えておきたいところです。CRMは、顧客データを分析することで個々の顧客の特徴をつかみ、インターネットやコールセンターといったチャネルを使って顧客との関係を深めるマーケティングとして定義されています。

CRMでは、パーミッション・マーケティングと同様に、まず顧客から許諾を受けて、個人情報や購入データなどを収集するほか、**苦情や意見、要望といった問い合わせ履歴も顧客データに組み込みます**。企業はデータベースを見ながら個々の顧客に対応していくことになりますが、このときに重要なのは、**社員の顔が見えるようなコミュニケーションをとることです**。たとえば、企業のコールセンターに返品の連絡を入れたときに、自動音声ガイダンスで対応されるより、オペレーターが親身になって応対してくれたほうがイメージがよくなるように、マイナスイメージをプラスに変えることも可能です。

CRM（カスタマー・リレーションシップ・マネジメント）

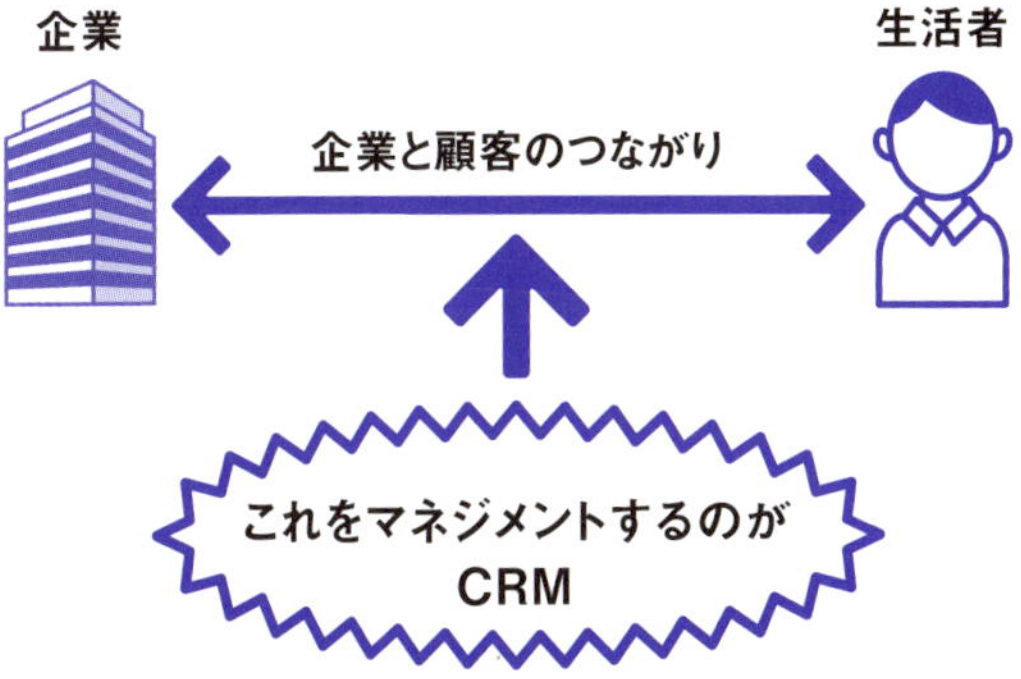

CRMの主な注意点

CRMで収集するデータ

- 顧客の年齢や性別、趣味や嗜好といった個人情報
- 購入・利用履歴、購入動機などの購入データ
- 顧客を取り巻く環境などライフスタイルに関する情報
- 苦情や意見、要望などの問い合わせ履歴

「顔が見える対応」を意識することが重要

苦情処理で信頼を得る

1. 画一的な音声ガイダンスで対応されると気分が悪い
2. 親身になった対応をしてもらえれば怒りがおさまる
3. 何度かコミュニケーションをとったときに、「先日は失礼しました」といった一言があるだけで、マイナスイメージをプラスイメージにすることも可能

5-07

さりげなく商品をアピールしよう

広告として意識させないプロダクト・プレイスメント

▼テレビや映画を通じて商品を露出させる

顧客にとって押し付けがましくないコミュニケーションが大切なことは、何度か述べましたが、それは広告においても同様です。テレビで同じコマーシャルが何度も流されると、ときに不快感を覚えることもあるでしょう。

テレビや映画を通じて、**さりげなく商品をアピールする**方法に「プロダクト・プレイスメント」があります。これはドラマや映画の主人公に自社の商品を使ってもらったり、あるいは背景にロゴマークの入った看板を設置したりして、見る人の印象に残す手法です。

アメリカ映画『理由なき反抗』が公開されたときに、ジェームス・ディーンが劇中で使っていたクシについて、問い合わせが殺到したことをきっかけに広く活用されるようになりました。その後、映画『００７』シリーズでもタイアップが定番となり、「アストンマーチンＤＢ５」や「トヨタ２０００ＧＴ」などの自動車をはじめ、時計やタキシードなどのファッションアイテム、シャンパンやウォッカといった飲料まで多彩な商品が登場しています。

プロダクト・プレイスメント

プロダクト・プレイスメントの概要

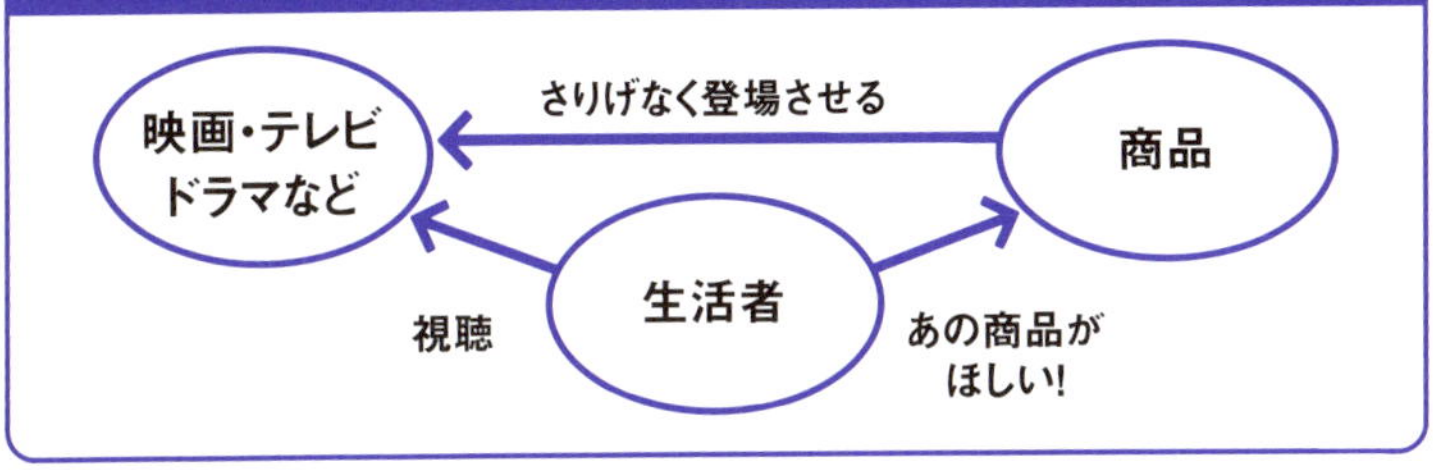

●プロダクト・プレイスメントのきっかけとなった出来事

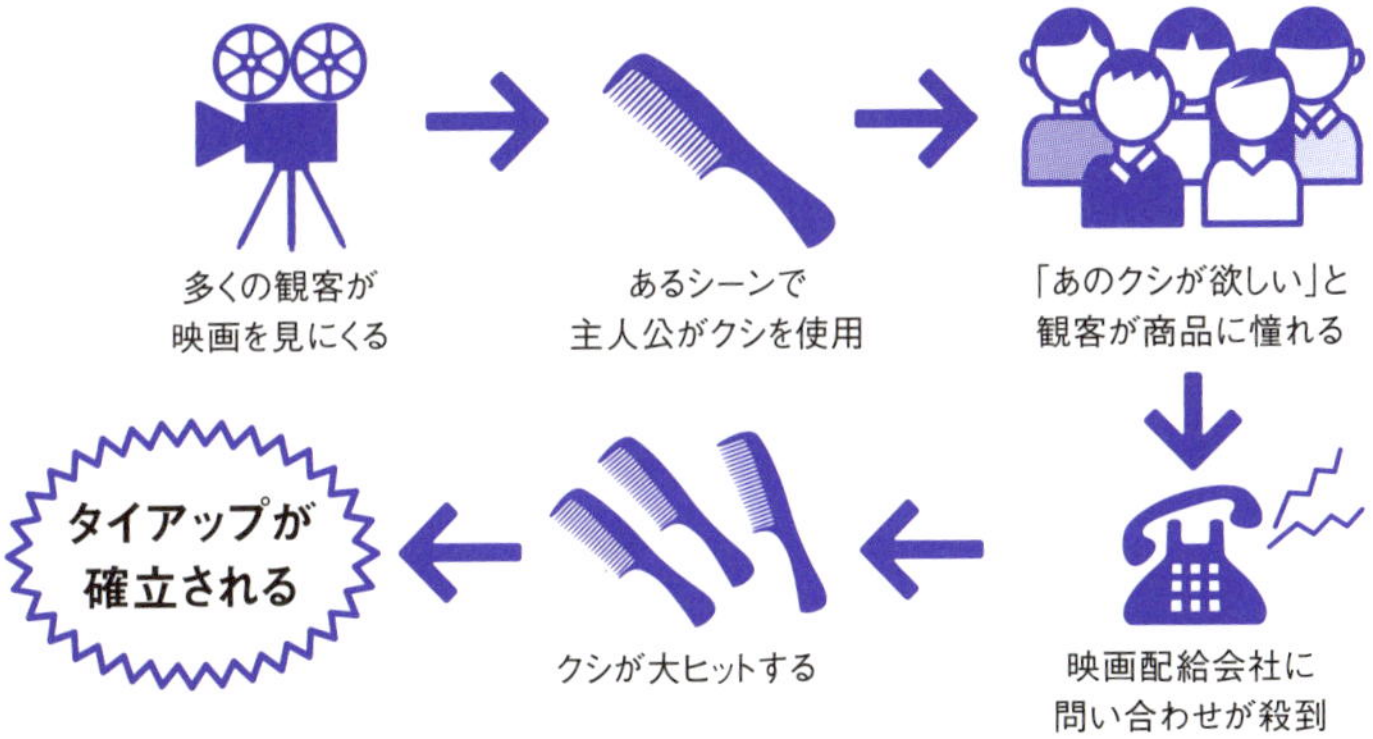

映画『007』シリーズにも多くのプロダクト・プレイスメントがある!

「アストンマーチン DB5」「トヨタ 2000GT」「オメガ(時計)」「ヴァージン・アトランティック航空」「ソニー・エリクソン(携帯電話)」「ソニー・エレクトロニクス」「プリオーニ(タキシード)」「ボランジェ(シャンパン)」「スミノフ・ウォッカ」など

さまざまな対象に広がるプロダクト・プレイスメント

プロダクト・プレイスメントの手法は、映画やドラマだけを対象にしているわけではありません。じつは日本でも同じような概念が古くから存在しており、江戸時代におこなわれた歌舞伎のなかでも、二代目市川団十郎が小田原にあった薬屋の商品「透頂香《とうちんこう》」の宣伝を口上したと伝えられています。

現代ではゲームやアニメーションの世界でも、プロダクト・プレイスメントの手法が見られます。ゲームでは、背景の看板に企業ロゴが表示されたり、特定企業の商品がアイテムとして登場したりする「ゲーム内広告」を実施し制作費を補っています。アニメーションでも実在の企業や商品が登場する例は多く、**近年はアニメの舞台やモデルとなった場所を訪ねる「巡礼」が話題になるなど、街おこし的なタイアップにも可能性を感じさせます。**

映像以外でもプロダクト・プレイスメントは活用されており、たとえばアカデミー賞の授賞式において、ハリー・ウィンストンという宝石店が女優に宝石を貸し出すことで、メディアに大きく取りあげられています。１９４３年に最優秀主演女優賞を獲得したジェニファー・ジョーンズに宝石を貸し出したのがはじまりで、以後、授賞式で女優がつけている宝石は注目の的になっています。

さらに近年では、短いストーリー仕立てでブランド・イメージを好意的に思い描かせる「ストーリー・プレイスメント」という手法にも発展しています。

ストーリー・プレイスメントによる さりげない商品アピール

●スマートフォンのCMの場合

雪の降る寒い夜に一人、オフィスで企画書作りに励む女性

↓

ふと窓の外に視線をやると、
クリスマスイルミネーションに彩られた町並みが視界に入る

↓

人知れず、ためいきをつく女性

↓

すると突然、スマートフォンのメール着信音が鳴る

↓

差出人を見ると、婚約者からのメールだった

↓

「メリークリスマス!　愛しているよ」の文面を見て微笑む女性

↓

「あなたのそばに●●フォン」の商品紹介が入ってCM終了

●ワンポイント

生活者がCMのストーリーに共感し、「自分もあんなワンシーンを体験してみたい」
と思った結果、商品に興味・関心を持ち、購入を検討する。
視聴者に好意的に受け取られることが大切!

5-08

社会貢献性で顧客の心を動かす

コーズ・リレーテッド・マーケティングに惹かれる心理

▼多大な効果をあげたアメリカン・エキスプレスの例

生活者に好意的な印象を抱いてもらえるマーケティングのひとつに「コーズ・リレーテッド・マーケティング」があります。このマーケティングがはじめて手がけられたのが、1981年におこなわれたアメリカン・エキスプレスのキャンペーンです。その内容は、アメックスのカードを使うごとに、サンフランシスコ地区で芸術活動を振興している団体に2セントが寄付されるというものでした。コーズ・リレーテッド・マーケティングは、このように社会貢献性のある目的に関連したプロモーションを柱にしています。

同社は1983年にも「自由の女神修復キャンペーン」を実施し、170万ドルの寄付金を集めました。その間、カードの利用率は30%も増えています。**「自分が関心を寄せているる社会的な問題を解決するための一助になりたい」という欲求と、「よい製品やサービスを購入したい」という消費行動を同時に満たすことができ、日常的な購買行動が寄付に直結する**ことが好結果につながります。

コーズ・リレーテッド・マーケティング

概要(アメリカン・エキスプレスの例)

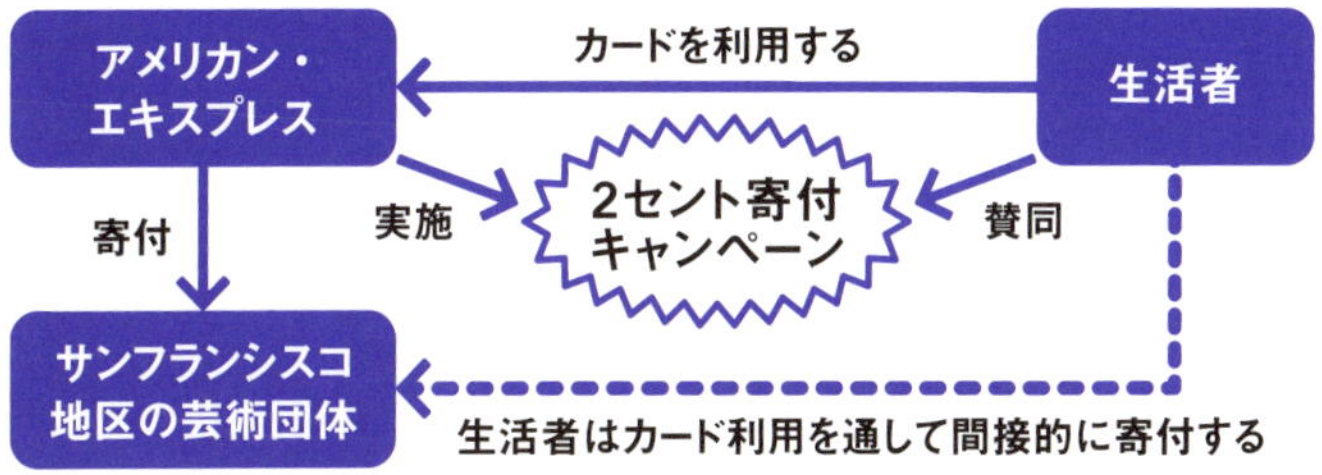
アメリカン・エキスプレス
カードを利用する
生活者
寄付
実施
2セント寄付キャンペーン
賛同
サンフランシスコ地区の芸術団体
生活者はカード利用を通して間接的に寄付する

社会貢献と絡めてマーケティングを展開!

コーズ・リレーテッド・マーケティングの本質

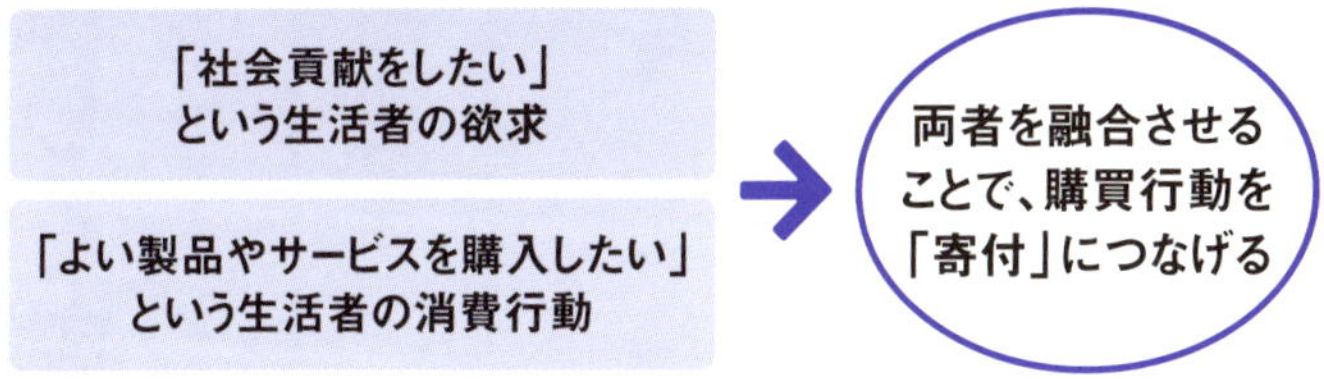
「社会貢献をしたい」という生活者の欲求
「よい製品やサービスを購入したい」という生活者の消費行動
両者を融合させることで、購買行動を「寄付」につなげる

●ワンポイント

現在、コーズ・リレーテッド・マーケティングはアメリカの広告市場で8%を占める規模に成長している。この手法は企業イメージを高めるが、本業での社会貢献性がともなっていないと効果は薄い

5-09

マーケティングを正しく実行する

広告コミュニケーションやプロモーションに縛られない

「本来の意味でのマーケティング」を見つめ直す

マーケティングといえば、広告を使ったコミュニケーションや、販売促進などのプロモーションのことだと錯覚している人がいます。しかし、これらはマーケティングを構成する要素のひとつに過ぎません。多くの企業は、自社のマーケティングをおこなう際、広告代理店の力を借ります。広告代理店は日本にマーケティングという概念を広めた功労者といえますが、一方で前述した誤解を広めた側面もあります。広告代理店は、広告コミュニケーションとプロモーションを収益の柱としているため、ともすれば偏った視点になってしまうケースがあったのかもしれません。

コトラーも2013年の講演で、日本企業が過去20年間に停滞した理由のひとつとして**「日本のマーケティングはプロモーションしかおこなわず、本来の意味でのマーケティングを実践しなかった」**と指摘しています。自社のマーケティングが、広告コミュニケーションやプロモーションに終始していないか、一度振り返ってみてください。

マーケティングの仕事と日本企業が成長するために必要なこと

ダメなマーケティング

商品やサービスを売るだけのプロモーションになっている

コトラーが指摘したマーケティング担当者の仕事

マーケティング担当者の仕事は売ることではなく、新たなニーズに着目し、新たなチャンスを見出し、そのインパクトを分析することだ

新しい市場の創出

イノベーション文化

ビジネスモデルや流通など、あらゆる分野でイノベーション発想を可能にする企業文化が必要

コ・クリエイション※

顧客とともに新たなアイデアを生み出し、実現する「コ・クリエイション」を実践すること

ソーシャル・マーケティング

2030年までにソーシャル・マーケティングに使用される予算は全体の50%を超えると予想して行動する

CMOの設置

チーフ・マーケティング・オフィサー（CMO）制度を研究し、企業の制度として取り入れていく

顧客中心主義の徹底

製品を中心に物事を考えるのではなく、顧客中心に考えることを徹底する

ブランドによる差別化

マーケティング3.0などのより高度なマーケティングを実践し、ブランドによって差別化していく

※コ・クリエイション（価値共創）とは、企業が顧客、その他のステークホルダー（利害関係者）とともに、新たな価値を創出すること

column

通販はマスからミクロにマーケティングを移行する

店頭での販売をおこなわず、通販に特化する商品が増えてきました。

通販は、深夜に長時間の宣伝番組を流したり、ウェブサイトに多数のバナー広告を出したりして、広告費がかさみそうな印象があります。しかし、新規顧客は当初コマーシャルやバナー広告によって集客しますが、2回目以降の販売ではダイレクトメールやメルマガを活用するため、広告費を抑えられるというメリットもあります。

本章で紹介したRFM分析やワン・トゥ・ワン・マーケティングを活用すれば、顧客データを持たない企業と比較して、リピーターの需要を刺激するためのコストを大きく削減できます。

健康食品など継続して購入することが多い商品は、顧客に継続利用してもらうほど広告費を圧縮できるため、長期利用の優遇価格や割引キャンペーンを実施している例も少なくありません。マス・マーケティングで顧客を獲得し、ミクロ・マーケティングで顧客との関係性を築いていくのが通販に多いマーケティングのモデルです。

第6章

ブランド戦略のための
マーケティング

6-01

なぜブランドが大切なのか？

企業経営上のメリットがたくさんある

▼安定的に収益をあげている企業にはブランド力がある

日本企業は長年、技術力と生産効率を高めて、良質な商品を安価に提供することで市場シェアを拡大してきました。ただ、この方法だといずれは価格競争に陥るため、高い収益をあげ続けることは困難です。**安定して高い収益をあげている企業に共通しているのが、優れたブランドを持っている**ことです。魅力のあるブランドがあると、その価値をもとに価格設定をおこなえるため、利益率が高く収益性も安定しやすいのです。たとえば同じ素材、同じデザインのポロシャツが、ブランド力があるかないかで価格が異なっていても、顧客は違和感なく受け入れてくれます。ここにブランドの価値があらわれています。

ブランドによって、顧客に企業や商品に対する信頼感や愛着が生まれ、中長期的に支持してくれる顧客基盤ができるのが強みです。また、企業の内部にもブランドの力は大きく作用します。ブランド力の高い企業は、就職先としても期待感や安定感を得られやすいため、優秀な人材が集まってきます。

ブランドのメリット

ブランド価値を活かした価格設定ができる ＋ ブランドが信頼されると、中長期的に支持してくれるファンが生まれる ＋ ブランド力の高い企業には優秀な人材が集まる

ブランド力のある企業の価格設定

売価500円のTシャツ（500円） → ブランド価値（4,000円）を価格に付加 → 高価格を実現（4,500円）

ブランド価値を付加して価格設定ができるので収益性がアップ

ブランドを持っていない企業の価格設定

売価500円のTシャツ（500円） → ブランド価値による価格付加は0円 → 低価格設定になる（500円）

ブランド価値を付加できず、相対的に低価格設定になってしまう

↓

ブランド力を高めることで企業の収益性はアップする

6-02

ブランドは利害関係者にもプラス

顧客や社員、取引先に対するメリットも大きい

▼生活者の自分らしい暮らしをサポート

　178ページで述べたように、ブランドには企業経営上のメリットが数多くありますが、**顧客や社員、あるいは取引先にとっても多くのメリットをもたらします**。

　膨大な製品やサービスが市場にあふれている現在、生活者は自分が納得できる商品を選ぶだけでも、大きな負担を感じます。自分のライフスタイルに合致したブランドがあれば、商品購入時の選択基準となり、自分らしい生活を実現できます。

　企業の社員にとっても、確かなブランドがあれば、自社の商品やサービスに対して誇りを持つことができます。たとえば営業担当者なら、価格でしか勝負できない商品で商談に臨むのはとても辛いことでしょう。ブランド力があれば交渉内容も違ってきます。

　また、取引先にとっても、ブランド力の高い企業の商品を扱うことで安易な値下げを避けられ、利益率を維持した安定経営が実現します。小売店なら、価値に主眼を置いて商品を選ぶ顧客基盤ができ、それが自社のブランド力を高めることにもつながります。

企業経営上のブランドメリット

ブランドがない

顧客

選択基準がないため、商品選択に迷う。満足できない商品を買ってしまうこともある

社員

一生懸命つくった商品でも、最終的には安値で販売せざるをえず、意欲が低下する

取引先

コモディティ化が早く、利益率が低下し、安売りなどに頼るため、収支が不安定になる

ブランドがないため、競合商品との熾烈な戦いになる

ブランドがある

顧客

選択基準があるため、安心して商品を選べ、自分らしいライフスタイルを実現できる

社員

顧客や社会が企業ブランドや商品ブランドを高く評価してくれるので、仕事に自信や誇りを持てる

取引先

ブランドの価値で価格を維持できるため、利益率が高く、収支が安定する

利害関係者にも大きなメリットがある

ブランドがあることで、企業は強固な経営基盤を手に入れられる!

6-03

自社のブランドの種類をつかもう

ナショナルブランドをはじめ多彩な分類がある

▼マーケティングの第一歩はブランドの把握から

ブランドと聞いて、あなたはどんなことをイメージするでしょうか。一口にブランドといっても、さまざまな種類があります。それぞれの位置付けを整理しておきましょう。

①ナショナルブランド……メーカーが全国的に展開する商品ブランドのこと。なかでも地域が限定的なものは、ローカルブランドと呼ぶ

②プライベートブランド……流通業や卸売業が自社で販売する商品をオリジナルで製造する商品ブランドのこと。多くはメーカーのＯＥＭ（受託製造）を利用する

③ライセンスブランド……他社のブランド資源に使用料を払って、自社商品に使わせてもらうこと

④共同ブランド……異なる企業のブランドを組み合わせること

このほかにも、「デザイナーズブランド」「ノーブランド」といった種類を分類に加える場合もあります。

おもなブランドの種類

ナショナルブランド	プライベートブランド
メーカーが全国的に展開する商品ブランドのこと	**流通業や卸売業が自社で販売する商品をオリジナルで製造する商品ブランドのこと**
花王「メリット」、トヨタ自動車「プリウス」、キリンビール「クラシックラガー」、シャープ「AQUOS」など	セブンプレミアム（セブン&アイ・ホールディングス）、トップバリュ（イオングループ）など

ライセンスブランド	共同ブランド
他社のブランド資源に使用料を払って、自社商品に使わせてもらうこと	**異なる企業のブランドを組み合わせること**
ディズニー絵柄の入ったふりかけ、ハローキティのリュックサック、ポケモンのノートなど	ユニクロ（ファーストリテイリング）×ビックカメラ=ビックロなど

デザイナーズブランド	ノーブランド
デザイナーが独自に展開する商品ブランドのこと	**ブランド展開しない商品ブランドのこと**
イヴ・サンローラン、クリスチャン・ディオール、ルイ・ヴィトン、シャネルなど	「雪国もやし」（ブランド）に対して、単なるモヤシ（ノーブランド）など。食品・日用品などに多い

▼自社のブランドを階層的に分類する

トヨタ自動車という企業ブランドのなかに、プリウスという個別ブランドがあるように、ブランドは階層別に分けることができます。階層による代表的な分け方も覚えておきましょう。

①企業（コーポレート）ブランド……「パナソニック」「アサヒビール」といった文字通り企業名によるブランド

②マスター・ブランド……企業のなかで、事業単位や複数の商品カテゴリーをまとめた単位で設定するブランド。ファーストリテイリングに対する「ユニクロ」、良品計画に対する「無印良品」が挙げられる

③サブ・ブランド……企業ブランドやマスター・ブランドなど強力なブランドに、個別ブランドを結合すること。アサヒビールの「アサヒスーパードライ」が好例

④個別（商品）ブランド……ひとつのカテゴリーのなかで複数の商品を投入するときに、それぞれの商品に個別のブランドを使うこと。「セダン」というカテゴリーのなかで、「プリウス」「カローラ」「カムリ」といったブランドを使い分ける例が挙げられる

企業ブランドを前面に押し出す場合は、ブランド資源を集約して効率よく生活者にメッセージを届けられ、個別ブランドで展開する場合は、ブランドごとに精緻な計画を立てられるなど、**ブランドの階層別の分類によって戦略にもバリエーションが出てきます。**

自社ブランドの階層

企業(コーポレート)ブランド

文字通り企業名のブランド

パナソニック、キリンビール、日本マクドナルド、トヨタ自動車、ソニー、アップルなど

↓

マスター・ブランド

事業単位や複数のカテゴリーをまとめたブランド

ユニクロ(ファーストリテイリング)、すき家(ゼンショーホールディングス)、無印良品(良品計画)など

↓

サブ・ブランド

企業ブランドやマスター・ブランドに個別ブランドを結合したブランド

アサヒスーパードライ(アサヒビール)、ヤフオク!(ヤフー)、楽天デリバリー(楽天)など

※企業名＋個別ブランド名が多い!

↓

個別(商品)ブランド

ひとつの商品カテゴリーのなかで複数の商品を投入するときに使うブランド

プリウス(トヨタ自動車)、VIERA(東芝)、iPhone(アップル)、プレイステーション(ソニー)など

6-04

ブランドは資産価値に直結する

資産と負債にも注目

▼自社のブランド力は把握しておきたい

ブランドの研究は古くからおこなわれてきましたが、M&A（企業の合併や買収）が盛んになってきた1980年頃から、そのとらえ方が変わってきました。それまではブランドに対し商品名や記号という考え方をすることが多かったのですが、M&Aに際して他社との比較で優位性をアピールするためにブランドが活用されはじめたのです。実際にイギリスでは、80年代にブランドの資産価値計上が法的に認められました。

ブランドによる資産価値の向上を提唱したデビッド・アーカーは、「ブランド・エクイティ（ブランドの資産価値）」というコンセプトを打ち出し、**ブランド資産とブランド負債の集合であり、製品やサービスの価値を増減させるもの**として定義しました。

ここで注目したいのは、ブランドには資産もあれば、負債もあることです。ブランドを使って製品やサービスの価値を高めたいのなら、左の図のように自社のブランド力を分析し、資産を伸ばし負債を低減するという取り組みが必要です。

ブランドの資産価値を把握する手順

STEP1 経営陣や幹部、一般社員、あるいは社外の取引先や顧客に対し、現在のブランドの評価やイメージについて、どう感じているか調査する

STEP2 質問の回答を、「肯定的」か「否定的」か、あるいは「未来」か「過去」かに分類すると、下図に示した１～４のポイントが浮かび上がる

STEP3 ４つのポイントを把握したうえで、５について考えると、よりくっきりとした実像が見えてくる

ブランドの資産価値で明らかにすべき5ポイント

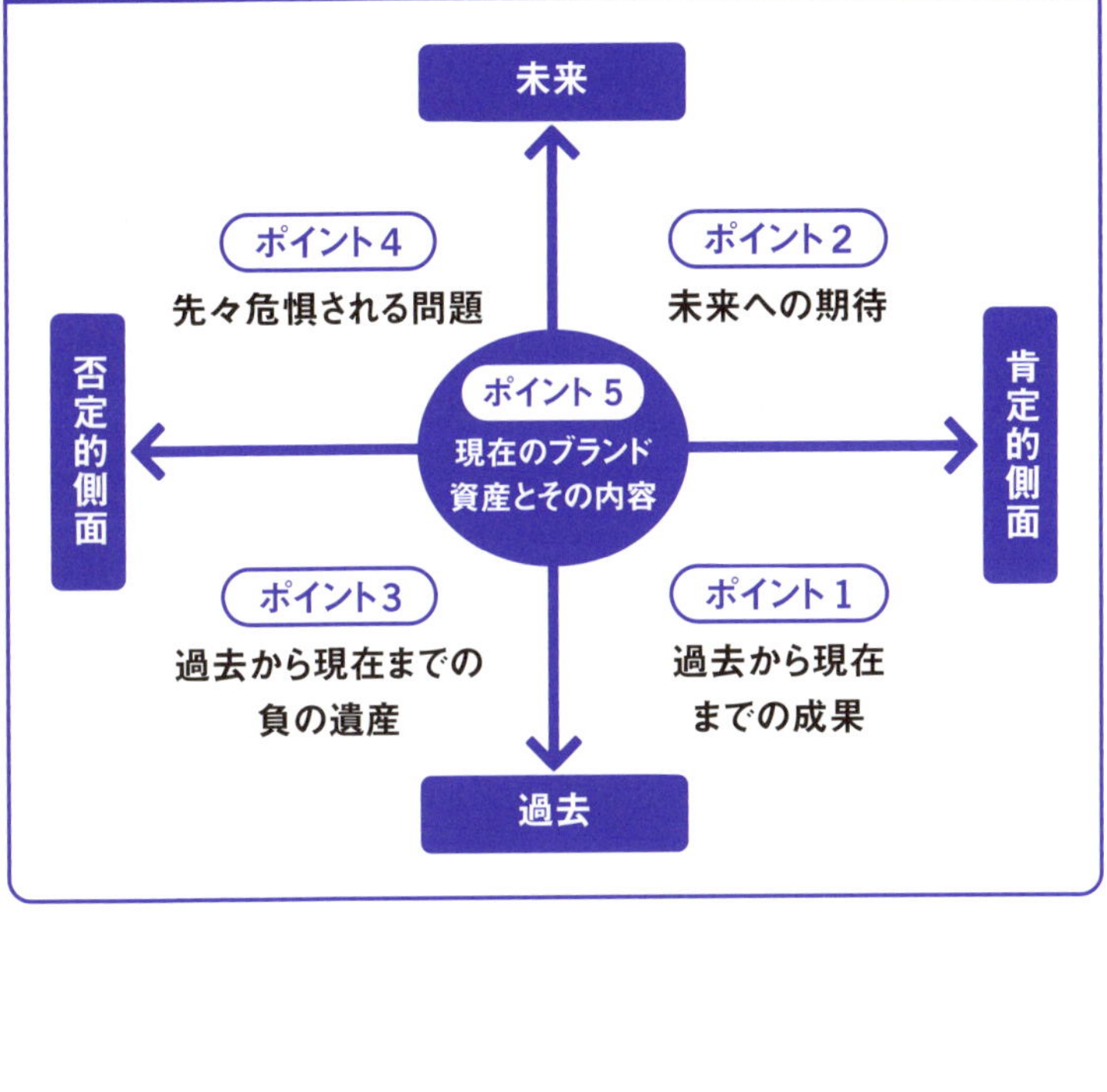

▼ブランド・エクイティを算出する5要素

自社のブランド価値を具体的につかむには、どうすればよいでしょうか。アーカーはブランド・エクイティを算出するための要素として、次の5つを挙げています。

①ブランド・ロイヤリティ……顧客（生活者）がそのブランドをどの程度継続利用してくれているか

②ブランド認知……そのブランドの名前を知っている生活者がどの程度いるか

③知覚品質……そのブランドの品質を顧客がどの程度評価しているか

④ブランド・イメージ……そのブランドを頭に思い浮かべたとき、どの程度プラス面の要素が連想されるか

⑤そのほかの所有ブランド資産……そのブランドに関する特許や商標といった権利がどの程度あるか

アーカーはこういった5つの要素をまとめて、財務的な評価をすることで、ブランド・エクイティが形づくられると述べています。ブランド・エクイティを数量化するのは困難ですが、この5要素を頭に入れておくと、自社のとるべき戦略が見えてきます。

もっと端的かつ簡潔に評価するならば、顧客の姿を見ることに尽きます。**自社に圧倒的なファンがいるか**。**他社よりも価格が高い商品が購入されているか**。こうした点をチェックすれば、ブランド価値が育っているかどうかが一目瞭然です。

ブランド・エクイティを算出する5要素

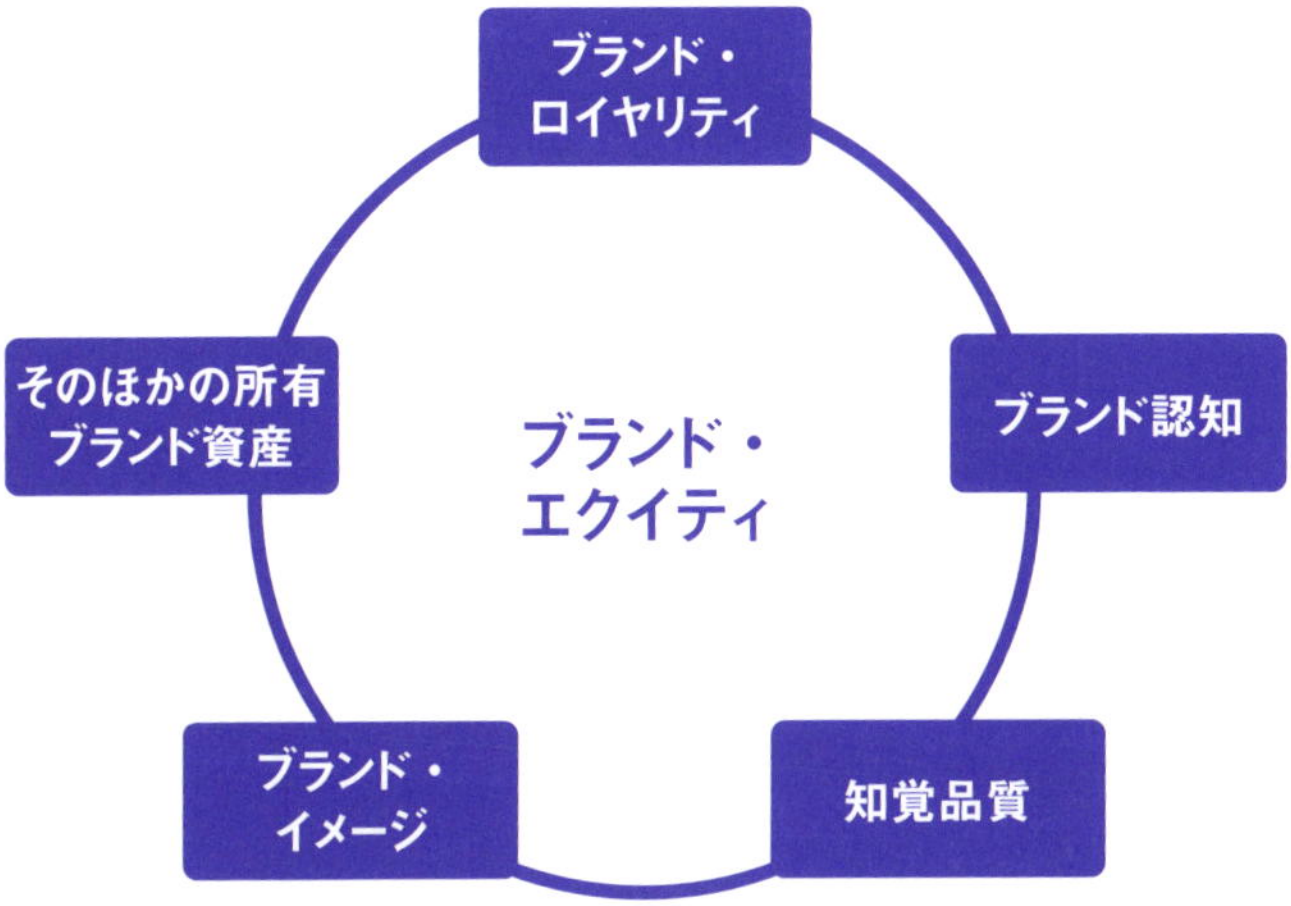

●5 要素を考える視点

ブランド・ロイヤリティ	顧客（生活者）がそのブランドをどの程度継続利用してくれているか
ブランド認知	そのブランドの名前を知っている生活者がどの程度いるか
知覚品質	そのブランドの品質を顧客がどの程度評価しているか
ブランド・イメージ	そのブランドを頭に思い浮かべたとき、どの程度プラス面の要素が連想されるか
そのほかの所有ブランド資産	そのブランドに関する特許や商標といった権利がどの程度あるか

6-05

ブランドの価値を把握しよう

ブランド・レゾナンス・ピラミッドで分析する

▼顧客目線で4つの項目をチェックする

ブランドの価値を理解するために覚えておきたいのがケビン・レーン・ケラーが提唱した「ブランド・レゾナンス・ピラミッド」のフレームワークです。**自社のブランドを、次の①～④の項目順を基本に分析していけば、ブランドの価値をつかむことができます。**

①アイデンティティ（統一性）……顧客にどんなブランドイメージを持たれているか

②ミーニング（意味）……顧客にとってブランドがどういう意味を持つか

③レスポンス（反応）……顧客がブランドをどう好意的に受け止めているか

④リレーションシップ（関係）……ブランドと顧客に好ましい関係性が築けているか

左の図のように、②は「イメージ」と「パフォーマンス」、③は「感情」と「判断」というブロックに分けることができます。また、②のイメージと③の感情は「感情・感性的ルート」、②のパフォーマンスと③の判断は「理性的ルート」と分類できます。各ブロックの概要も左の図にまとめました。192ページの実例とあわせて確認してみましょう。

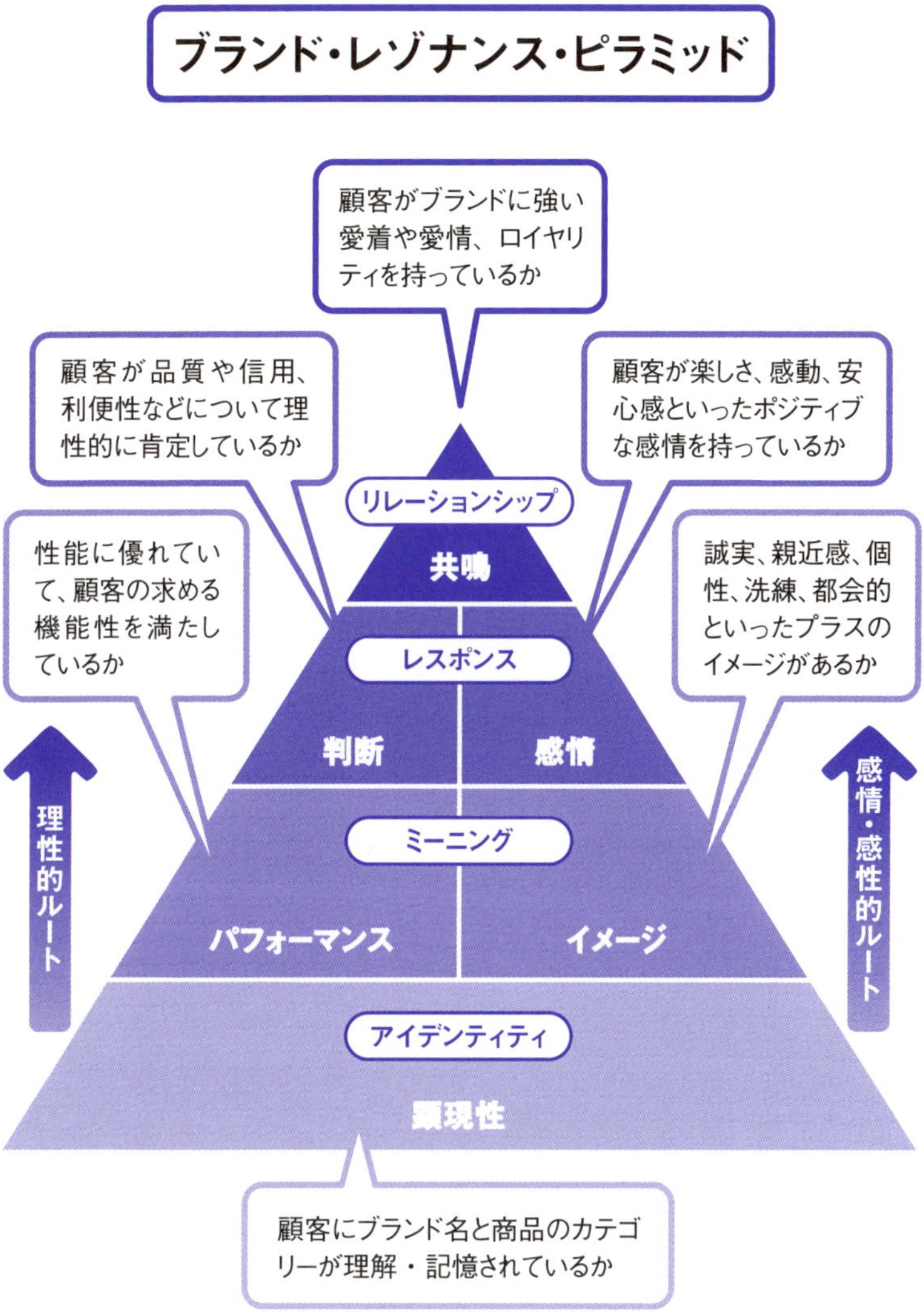
ブランド・レゾナンス・ピラミッド
顧客がブランドに強い愛着や愛情、ロイヤリティを持っているか
顧客が品質や信用、利便性などについて理性的に肯定しているか
顧客が楽しさ、感動、安心感といったポジティブな感情を持っているか
リレーションシップ
共鳴
性能に優れていて、顧客の求める機能性を満たしているか
誠実、親近感、個性、洗練、都会的といったプラスのイメージがあるか
レスポンス
判断
感情
ミーニング
パフォーマンス
イメージ
理性的ルート
感情・感性的ルート
アイデンティティ
顕現性
顧客にブランド名と商品のカテゴリーが理解・記憶されているか

▼ソメスサドルの事例をもとにブランド戦略を分析

北海道の皮革製品メーカーで「日本のエルメス」とも呼ばれるソメスサドルの取り組みは、ブランド・レゾナンス・ピラミッドを理解するうえで、とても興味深い事例です。同社は輸出用馬具メーカーとして事業をスタートさせましたが、皮革の技術を活かし鞄やバッグの生産も展開。現在では中央競馬や地方競馬の乗馬鞍、皇族が使用する馬具などを手がけるほか、ハンドメイドのバッグ類がデパートで販売されるなど好評価を得ています。同社のマーケティングのポイントとして、次の5つが挙げられます。

①クラス感のある馬具を製造するという企業イメージ
②競馬のプロフェッショナルと皇族の愛用品という製品イメージ
③伊勢丹本店に採用されたという業界関係者へのアピール
④洞爺湖サミットに参加したＶＩＰの贈答品として選ばれた実績
⑤販路にこだわったブランド価値のコントロール

①は乗馬が持つ上流階級という印象やエルメスと同様の事業というイメージが企業の価値を高めています。②は確かな愛用者による信頼感。③は目利きとされる伊勢丹本店に採用されたことで、小売業への知名度と認知度を獲得。④はＶＩＰの利用による商品ポジショニングの向上。⑤は限定した販路で売ることで、ブランド価値と価格をコントロールしています。これらを左図にあてはめると、同社のブランド戦略がつかみやすくなります。

ソメスサドルのブランド・レゾナンス・ピラミッド

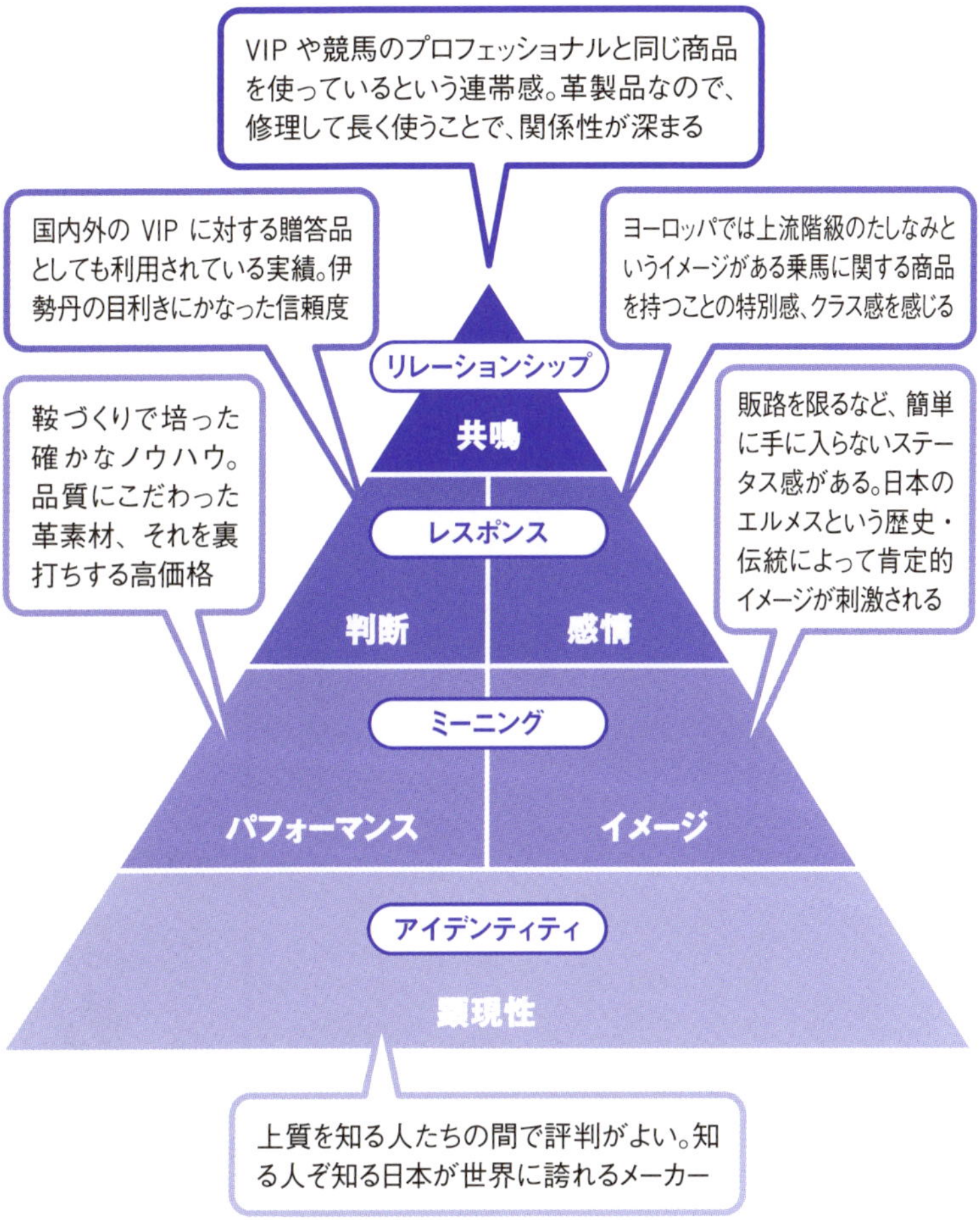

6-06

優秀な社員はブランド力を高める

エンプロイヤー・ブランドの波及効果

▼スタッフを使い捨てる企業はブランドを築けない

180ページで、顧客に向けてブランド力を高めていくことは、社員に誇りを持って働いてもらえる効果があると述べました。1996年に提唱された「エンプロイヤー・ブランド」という概念では、**社員に対してブランド力を高める効果は、やがて顧客にも波及し、最終的に自社の信用度を高めることにつながる**と指摘されています。

エンプロイヤー・ブランドの提唱者のひとり、サイモン・バローはイギリスの小売業を実際に分析して、次のような結果を見出しました。よい店舗に優秀な人材がいれば、顧客を通じて好意的なクチコミが社会に広がります。会社の評判がよくなると、優秀な社員が入社して、さらに人材の質が高まります。バローは、社員に対してブランド力を高めることは、顧客に対するマーケティング活動と同様に好循環を生むと述べています。アルバイトや契約社員を使い捨てることで利益をあげているような企業には、ブランド価値は創造できないと断言できます。

エンプロイヤー・ブランドの考え方

決められた作業をこなすだけでも、
クレームは発生しないが、感動も生まれない

↓

社員に対してブランド力を高め、社員が自信と誇りを持って
行動を起こすことで、感動してもらえるサービスが生まれる

↓

顧客が感動し、ほかの人々にクチコミで知らせる

↓

社会に良い評判が広まり、その企業で働きたい人が増える

↓

優秀な社員が増えて、さらに感動する顧客が増え、
自社ブランドの評判はうなぎ上りになる

↓

顧客や社会からさらに評価されると、
社員の自信と誇りは一層大きくなる

↓

自社ブランドの魅力が高まる好循環が生まれる

従業員を大切にすることで
ブランド価値が向上する!

6-07

超ごひいき顧客が大切なわけ

顧客ロイヤリティはさまざまな価値をもたらす

▼自社のファンからのクチコミで新たな顧客を獲得できる

魅力あるブランドは、「顧客ロイヤリティ」を高める効果があります。顧客ロイヤリティとは、顧客が製品やサービス、あるいはそれを提供する企業に忠誠心を持つことで、愛着を持ってもらったり、ごひいきにしてもらったりすることです。

19世紀に発見された学説「パレートの法則」では、**売上の80%は、上位20%の顧客によってもたらされる**とされています。20%の顧客とは、顧客ロイヤリティの高い「超ごひいき顧客」のことです。新規顧客の獲得など、ほかの80%の顧客にかけるコストよりも、大幅に少ないコストで継続利用が見込めるため、企業にとっては非常に貴重な存在です。きちんとしたブランド戦略を持っている企業のなかには、マス広告をほとんど実施していないのにブランド力を継続的に高めているケースが少なくありません。**商品やサービスのファンになった顧客が、クチコミなどで新たな顧客を創造してくれる**からです。顧客ロイヤリティは直接的な利益のほかにも、さまざまな価値をもたらしてくれます。

顧客ロイヤリティとパレートの法則

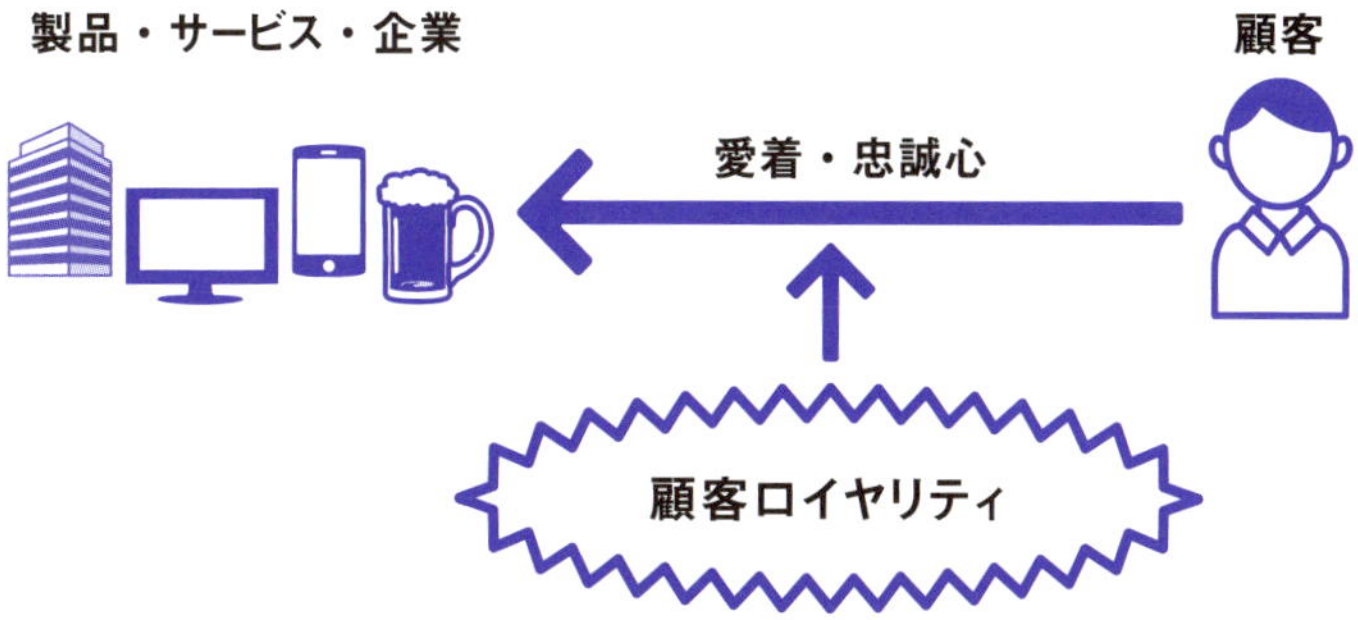

●パレートの法則

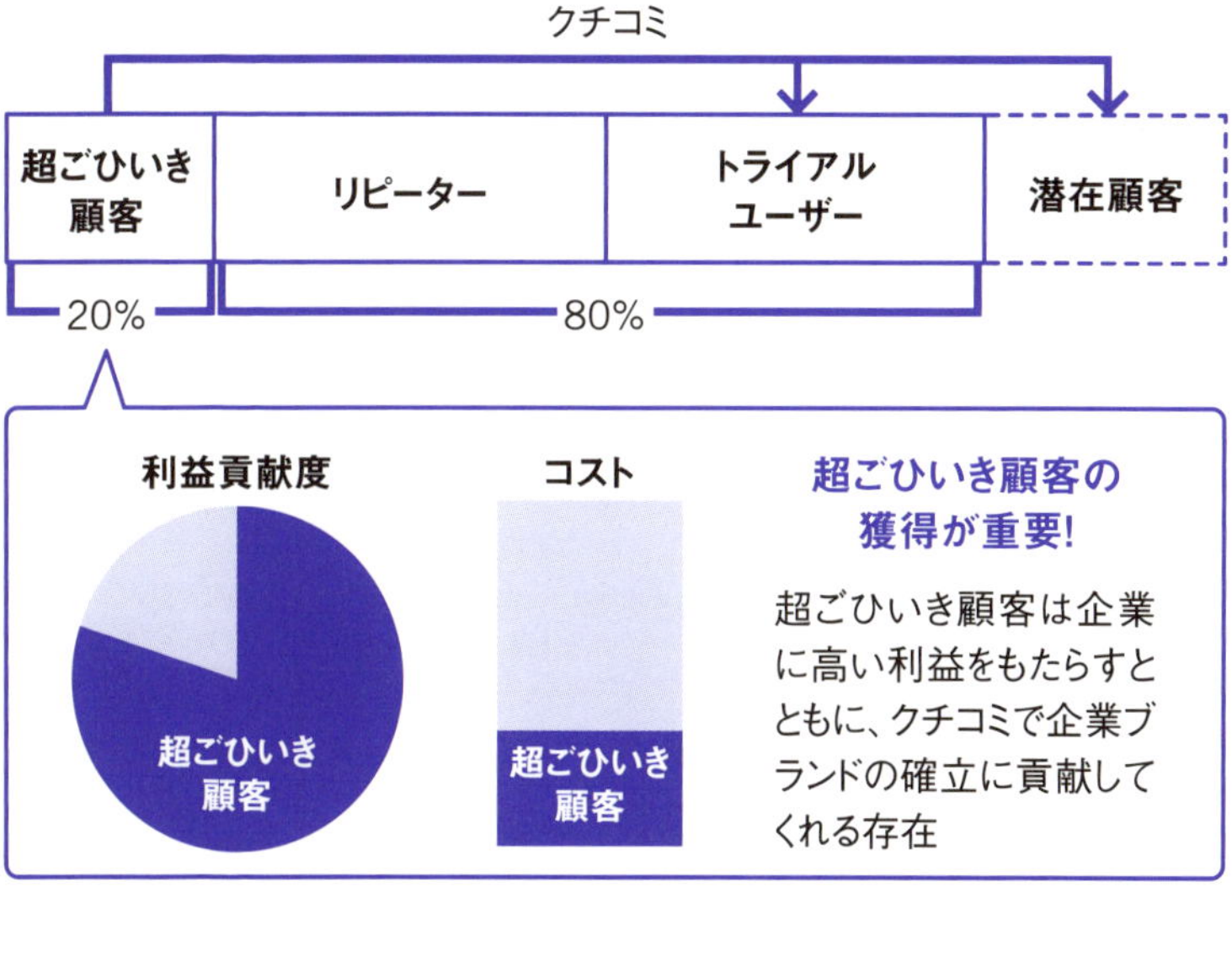

6-08

超ごひいき顧客になるプロセス

オリバーによる顧客ロイヤリティの4段階

「態度のロイヤリティ」から「行動のロイヤリティ」へ

顧客はどのような段階を踏んで、超ごひいき顧客になってくれるのでしょうか。期待不確認モデル（90ページ）の提唱者としても知られるリチャード・オリバーは、顧客ロイヤリティを次のような4段階に分類しています。

①認知的ロイヤリティ……あらかじめ得た知識や経験を通じて、ほかのブランドよりも好ましくとらえている段階

②感情的ロイヤリティ……製品やサービスを利用し続けることで満足が深くなっていき、自分が好きだから買う、という感情を持っている段階

③行動意欲的ロイヤリティ……何度も購入することで、再購入する意欲が高まった段階

④行動的ロイヤリティ……再購入が促進され、本当のロイヤリティが育った状態

①の「態度のロイヤリティ」から、次第に「行動のロイヤリティ」に移行していくことがわかると思います。**④の状態になれば、超ごひいき顧客といってもいいでしょう。**

顧客ロイヤリティの4段階

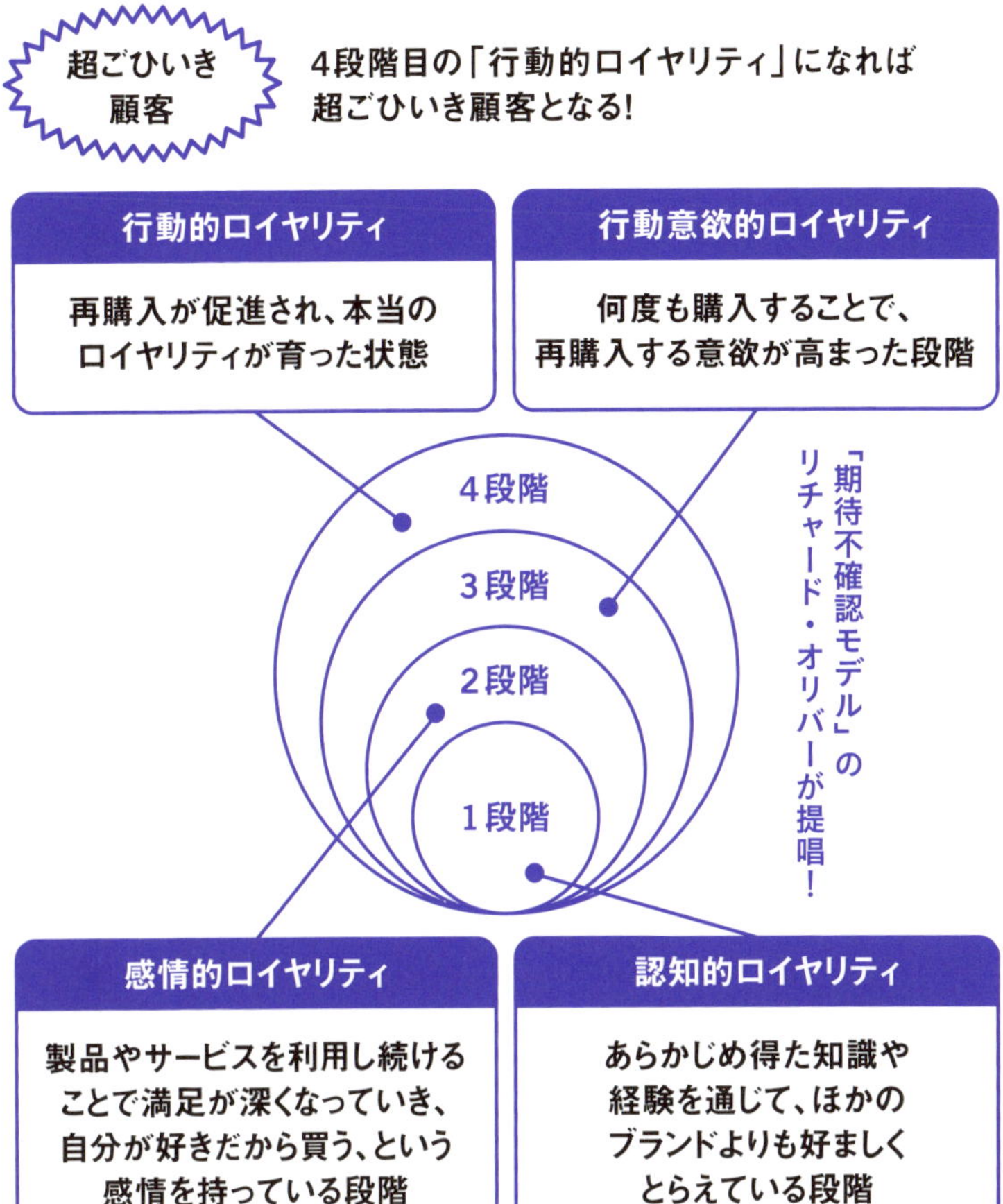

6-09

顧客ロイヤリティを獲得する方法

顧客が何に価値を見出すかをチェックする

▼「願望価値」や「未知価値」のレベルまで商品力を磨く

実際に顧客ロイヤリティを高めてもらうには、どうすればよいのでしょうか。アメリカのマネジメントコンサルタント、カール・アルブレヒトは、顧客が「価値を見出す要因」を特定する必要があると述べています。アルブレヒトは、顧客が価値を見出す要因を次のように分類しています。

①基本価値……製品やサービスに絶対不可欠な要因（基本的な機能など）
②期待価値……取引において顧客が当然期待する要因
③願望価値……必ず期待しているわけではないが、もし提供されると高く評価する要因
④未知価値……期待や願望を超えた製品やサービスが提供され、感動を得るような要因

①～④を念頭に、顧客が自社商品や競合商品に対し、どのような価値を見出しているかを把握することが大切です。たとえば**①や②の段階で競合商品と争っている状況ならば、③や④の価値を実現すれば、競争優位と顧客ロイヤリティを獲得することができます。**

顧客ロイヤリティの4段階

それぞれの段階で期待を上回れば
顧客ロイヤリティが向上する

基本価値	期待価値
製品やサービスに絶対不可欠な要因（基本的な機能など）	顧客が当然期待する要因
未知価値	**願望価値**
期待や願望を超えた製品やサービスが提供され、感動を得るような要因	必ず期待しているわけではないが、もし提供されると高く評価する要因

理髪店の顧客ロイヤリティの場合

基本価値	期待価値
髪をカットする	自分に似合う髪型を提案してくれる
未知価値	**願望価値**
著名人を担当するヘアデザイナーがカットしてくれる	美しい髪にしたり、抜け毛を予防するシャンプーを使ってくれる

願望価値や未知価値を
実現することが大切！

6-10

複数のブランドを適切に管理する

マーケティングに欠かせないブランド・ポートフォリオ

▼ブランド資源を効率的に管理・運用する

企業の多くは複数のブランドを持ちますが、適切に管理・運用するには「ブランド・ポートフォリオ」という考え方を覚えておく必要があります。日本の企業は、よい商品さえつくれば売れるという状況を長く経験したため、適切なブランド構成やブランドづくりについてあまり意識せず、個別ブランドが増える状況にありました。企業は個別ブランドそれぞれに広告費を投入するなど非効率なブランド運営に陥っていたのです。

ブランド・ポートフォリオは2004年に提唱された概念で、複数のブランドを俯瞰しつつ体系化することで各ブランドを管理します。**ブランドを利益の出る資産にすることができるため、それを管理する企業の価値も高まり、競合企業に対する優位性も生まれます。**

184ページで「企業ブランド」「マスター・ブランド」「サブ・ブランド」「個別ブランド」の分類を説明しましたが、これらを自社にあった方法で整理・体系化し、ブランド資源を効率的に管理・運用することが大切です。

ブランド・ポートフォリオ

ブランド・ポートフォリオ＝複数のブランド資産の組み合わせ

ブランドA　ブランドB　ブランドC　ブランドD

これらのブランドを体系化し、価値が高まるように、
計画的に管理していくのが**ブランド・ポートフォリオ戦略**

●ブランド・ポートフォリオ戦略が必要な理由

日本は、よい製品、よいサービスをつくれば売れるという考え方だった
→
ブランド戦略も未発達で、商品ネーミングのレベルにとどまっていた
→
個別ブランドの知名度や認知度を高めることばかりに目が向いて、非常に広告費がかさんだ
↓
市場が成熟し、コモディティ化すると、よい商品でも価格競争に巻き込まれる
←
ブランドの適切な運用が必要
←
ブランドを分類し、自社にあった方法で整理・体系化してブランド資源を効率的に管理・運用する

ブランドが利益を生む資産となり、競合企業に対して優位性を築くことができる！

6-11 ポートフォリオ戦略の立て方

ブランド・ポートフォリオを6要素に整理

▼ブランドの整理からポートフォリオの役割設定まで

具体的なブランド・ポートフォリオ戦略の立て方を見ていきましょう。ブランド・ポートフォリオ戦略は、次の６つの要素について検討することで具体性を帯びてきます。

①ブランド・ポートフォリオ……企業にとって必要、不必要なブランドを整理する
②ポートフォリオ・グラフィックス……ブランド同士の関係性を整理し、ポートフォリオ全体にシナジー効果やレバレッジ効果が生じるようにする
③ブランド・ポートフォリオの構造……ブランドの優先順位を整理し、将来的な事業戦略とブランド構築の計画が合致するようにポートフォリオの構造を明確にする
④ブランドの範囲……ブランドの可能性を踏まえて、ブランドを適用する範囲を決める
⑤製品・サービスの役割の明確化……成功する可能性の高いブランドを見極めて、そのブランドにおける製品やサービスの役割を明確にする
⑥ポートフォリオでの役割……事業戦略におけるポートフォリオの役割を整理する

ブランド・ポートフォリオの6要素

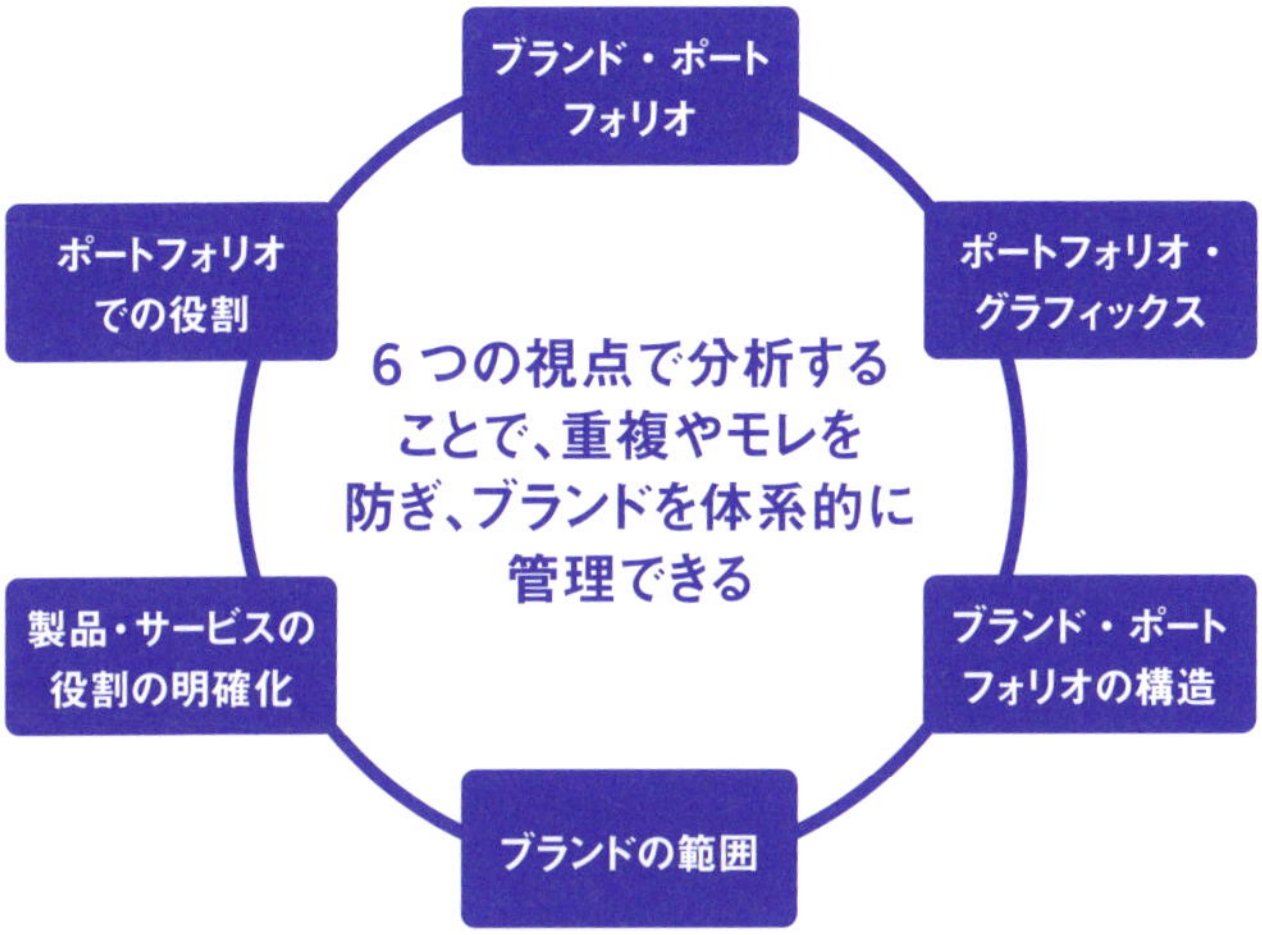

●6つの視点の考え方

ブランド・ポートフォリオ	企業にとって必要、不必要なブランドを整理する
ポートフォリオ・グラフィックス	ブランド同士の関係性を整理し、ポートフォリオ全体にシナジー効果やレバレッジ効果が生じるようにする
ブランド・ポートフォリオの構造	ブランドの優先順位を整理し、将来的な事業戦略とブランド構築の計画が合致するようにポートフォリオの構造を明確にする
ブランドの範囲	ブランドの可能性を踏まえて、ブランドを適用する範囲を決める
製品・サービスの役割の明確化	成功する可能性の高いブランドを見極めて、そのブランドにおける製品やサービスの役割を明確にする
ポートフォリオでの役割	事業戦略におけるポートフォリオの役割を整理する

▼ブランド・ポートフォリオ戦略の成功例

実際にブランド・ポートフォリオ戦略が成功している企業の取り組みを紹介します。

温水洗浄便座のパイオニアとして知られるＴＯＴＯは、衛生陶器（システムトイレ）や温水洗浄便座のほかにも、ユニットバスや水洗金具などの住宅設備機器、タイル建材、ハイドロテクト塗料、セラミックといった多彩な商品からなる事業を手がけています。「ネオレスト」「ウォシュレット」といったブランド名のトイレ、「オクターブ」などの洗面所、「クラッソ」などのキッチンといったように、**カテゴリーごとにブランドを用意して、衛生陶器や温水洗浄便座のイメージだけが企業ブランドに直結しないようにしています**。

高級レストラングループを運営するひらまつは、出店する候補地に応じて、「レストランひらまつ」や他社との提携ブランド「ポール・ボキューズ」といった多彩なレストランブランドを使い分けるブランド・ポートフォリオ戦略をとっています。**1ブランドの出店数を5～10程度に抑えることで、ブランド価値を毀損しないようにしています**。

スポーツ用品メーカーのアシックスは、70年代に一度なくなったブランド「オニツカタイガー」を欧州の現地法人が復活させて、２０００年初頭に新商品を販売しました。ほどなく日本市場にも投入され、大きな成功をおさめました。**競技用シューズ中心のマスター・ブランド「アシックス」に加えて、街履き仕様でファッション性の高い「オニツカタイガー」という個別ブランドの2つを柱にマーケティングを展開しています**。

ブランド・ポートフォリオの事例

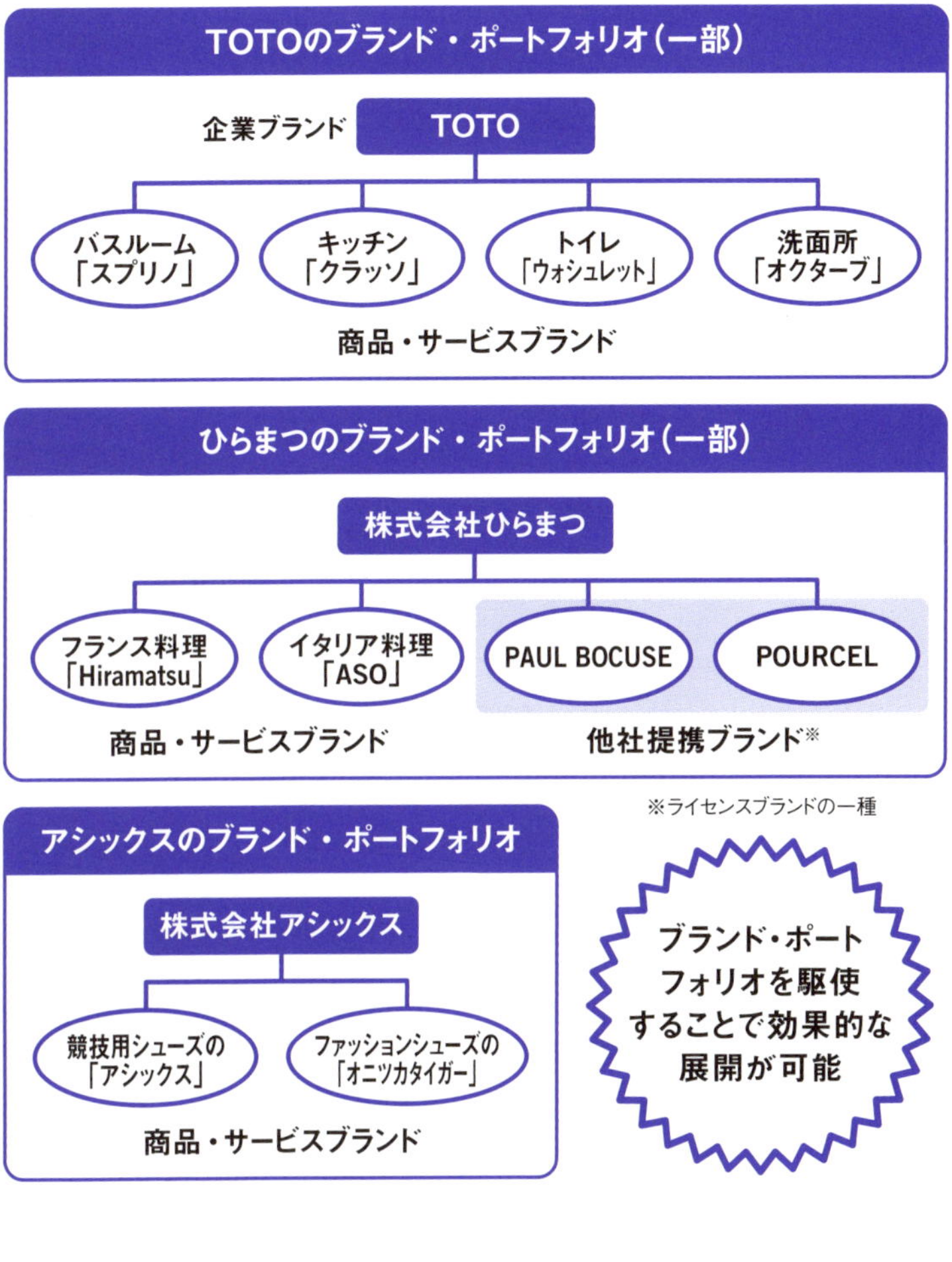

6-12

人を魅了するブランドをつくる

あらゆるモノ・サービスがブランド化できる

▼収益源としての価値も高いキャラクター・ブランド

ブランドというと、高級品やファッションをイメージする人が多いと思いますが、有形や無形を問わず、あらゆるモノやサービスがブランド化できます。**ブランドを「人を魅了する存在」ととらえ、広い視野でブランド戦略を立てる必要があります**。

近年人気となった千葉県船橋市の非公認キャラクター「ふなっしー」や熊本県のＰＲキャラクター「くまモン」といったご当地キャラもブランドといっていいでしょう。

こういった「キャラクター・ブランド」は、人気の広がりとともに、収益源としての価値も高まっていきます。映画やテレビ、ＤＶＤ、キャラクターグッズ、テーマパークへの展開など、さまざまなシーンで企業に収益をもたらしてくれます。また、「24時間３６５日、文句ひとついわずに働き続けてくれる」という点も、キャラクタービジネスのメリットです。ディズニーのキャラクターのように、親から子、孫へと何世代にもわたる強力なロングセラーブランドになることもあります。

貴重なブランド資源となるキャラクター

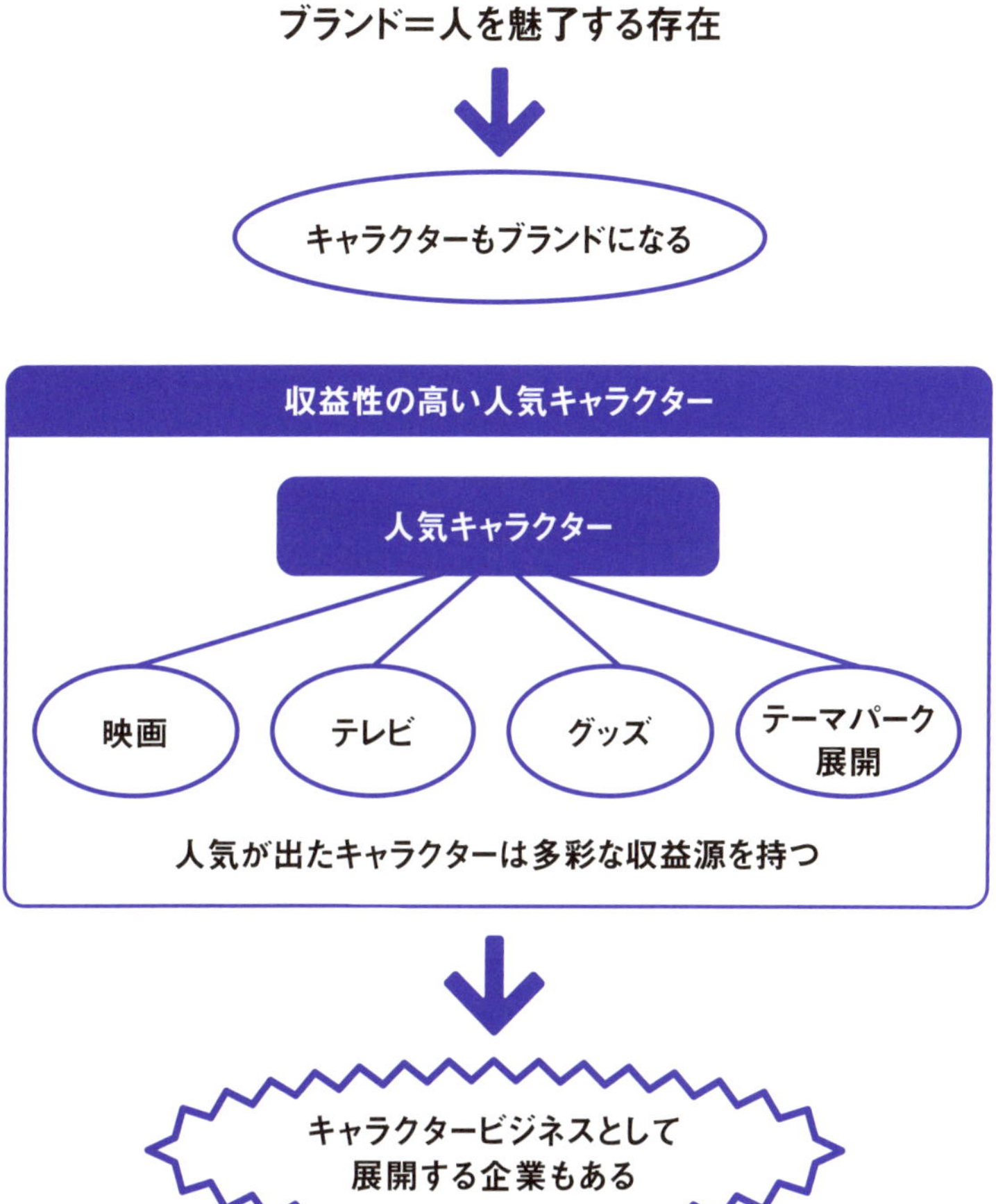

ブランド＝人を魅了する存在
キャラクターもブランドになる
収益性の高い人気キャラクター
人気キャラクター
映画
テレビ
グッズ
テーマパーク展開
人気が出たキャラクターは多彩な収益源を持つ
キャラクタービジネスとして展開する企業もある

▼普通名詞を固有名詞に変えた「ヨード卵・光」の成功例

ブランドは「人を魅了する存在」であり、あらゆるモノやサービスがブランド化できると述べました。塩や野菜など普通名詞で呼ばれていたモノでも、ブランド化は可能です。特徴のない「塩」や「野菜」として販売すると、価格競争になりますが、商品に付加価値をつけて「赤穂の天塩」や「雪国もやし」などと**固有名詞化すると、価格以外の競争力を発揮することができます**。

その代表例として「ヨード卵・光」があります。物価の優等生である卵は、長年どれも安価に販売されてきました。いまでは、スーパーに行くとさまざまな名前のついたブランド卵が売られていますが、ヨード卵・光が登場するまでは、普通名詞の卵ばかりでした。ヨード卵・光は、飼料事業やペットフードの製造販売を手がけていた日本農産工業によって1976年に商品化されました。同社は飼料のノウハウを活かし、特別に配合された飼料をニワトリに与え、生卵に高い付加価値を加えることに成功。ヨード卵・光は、健康的なイメージとコクの深い味わいにより、「人を魅了する存在」になりました。現在も、普通名詞の卵と比較して、3倍程度の価格で販売されており、ブランド化に成功しています。

スーパーの食品売り場を見ると、米や納豆、果物など、かつては普通名詞の分類しかなかった食品が、さまざまな固有名詞化を図り、ブランド化していることがわかります。成功するブランドは「人を魅了する存在」になる点で共通しています。

普通名詞のモノが
固有名詞化した事例

ヨード卵・光の場合は…

普通名詞としての卵 ＋ 飼料のノウハウ ＝ 高付加価値化したブランド卵

スーパーの食品売り場には、同様の成功例が多くある

米
- 魚沼産コシヒカリ
- あきたこまち

納豆
- 金のつぶ におわなっとう
- おかめ納豆

豆腐
- 風に吹かれて豆腐屋ジョニー
- ザクとうふ

野菜
- 京野菜
- 雪国もやし

塩
- 赤穂の天塩
- 伯方の塩

水
- 南アルプスの天然水
- 六甲のおいしい水

6-13
スポーツとブランドを結びつける
効果の高いスポンサーシップ・マーケティング

▼スポーツイベントでブランドをアピールする

広告はブランドを生活者に浸透させるための有効な手段のひとつですが、とりわけ「スポンサーシップ・マーケティング」は効果が高いといえます。

スポンサーシップ・マーケティングは、1970年頃から、スポーツ競技場での看板広告という形で活用され、やがて「スポンサーシップ・インベントリ」に発展していきます。スポンサーシップ・インベントリとは、「スポンサーになってもらうための資源」という意味があり、企業や団体にスポーツイベントの冠スポンサーになってもらったり、選手のユニフォームや入場券などにロゴマークを入れるかわりに協賛金を提供してもらったりする取り組みです。**企業ブランドやマスター・ブランドといった大きな枠のブランドでもアピールしやすい**という特徴があります。

また、特定のチームのスポンサーになることで、そのチームのファンから多大な支持を集めることができるなど、ほかの広告にはないメリットもあります。

スポンサーシップ・マーケティング

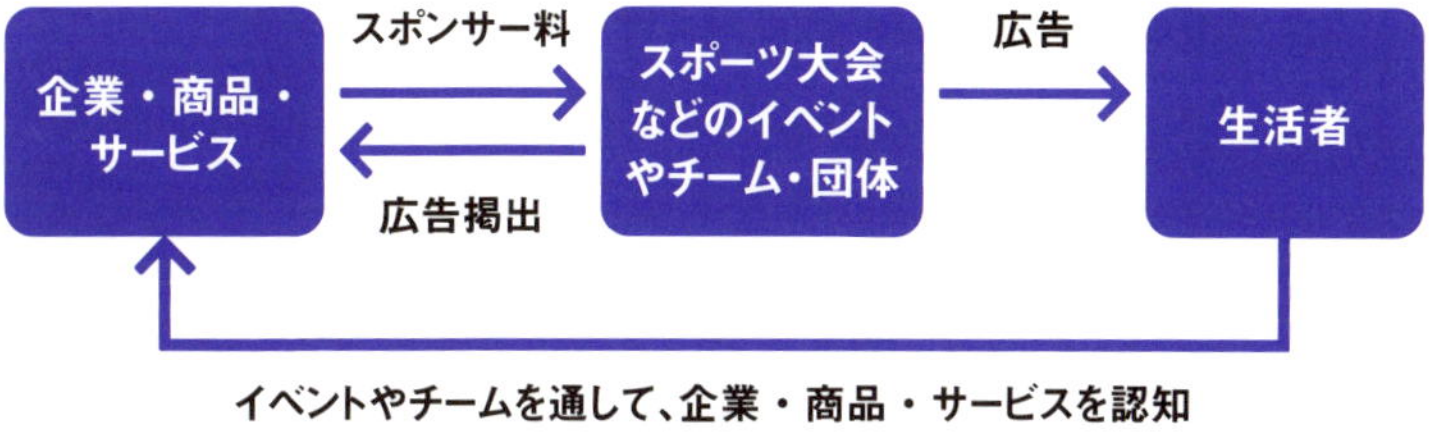

おもなスポンサーシップのパターン

スポーツ系団体支援

スポーツチームのスポンサーとなり、ブランド価値を高める

プロ野球チーム、F1チーム、プロサッカーチーム、バレーボールチームなど

芸術系団体支援

交響楽団などのスポンサーとなり、ブランド価値を高める

交響楽団、コーラス団体、各種伝統芸能団体、劇団、ダンスサークルなど

スポーツ系イベント

スポーツ大会のスポンサーとなり、ブランド価値を高める

野球・サッカーなどの各種世界的な大会、高校生の野球全国大会など

芸術系イベント

映画祭などのスポンサーとなり、ブランド価値を高める

映画祭、俳句コンクール、音楽コンクール、ダンス大会、芸術祭など

column

ブランドを創造できる人と創造できない人の違いとは

ブランドに対する感度は、人によって差が出ます。ブランドに関係する仕事をしていなくても、鋭い感度でブランドの価値や特徴をつかめる人もいれば、企業のマーケティング担当者のようにブランドを知らなければいけない立場なのに、その本質をまったくつかめていない人もいます。

両者の違いは、日常生活で自分らしい毎日を実現するために、製品やサービスに対する感度を高め、いかに商品の選択に気をつかっているか、という面にあらわれます。

あなたは「服なんかサイズがあっていれば、なんでもいい」「きちんと機能が揃っていれば、デザインにはこだわらない」「購入の決め手になるのは、たいてい価格だ」「身の回りのことに関心がない」「そもそも買い物があまり好きではない」といった傾向はありませんか？　こうした特徴は、ある意味かざらない生き方ともいえますが、自分らしい生活を実現するための「こだわり」を放棄しているともいえます。

新しいブランドを創造できるのは、いうまでもなく自分らしい「こだわり」を大切にしている人です。

第7章

Webマーケティングの基礎知識

7-01

ネット時代も創造性が大切

マーケティングの土台は変わらない

▼Webマーケティングで知っておきたい指標

インターネットが普及すると、その検索性や双方向性を活かして、マーケティング活動も大きく進化しました。サーチエンジン・マーケティングやアンバサダー・マーケティングといったネット時代に欠かせないマーケティング理論はあとのページで詳しく解説しますが、ここではWebマーケティングに必要な基礎知識にふれておきましょう。

Webマーケティングでは自社サイトを核にさまざまな施策が実行できます。自社サイトのページがどの程度閲覧されているかを示す「ページビュー」は、Webマーケティングにおいて重要な指標です。しかし、**単にページビューが増えればいいというものではありません**。顧客の訪問数や商品の購入割合などを中間目標として設定する「KPI」や、売上などの最終目標を立てる「KGI」といった指標を効果的に活用してこそ、Webマーケティングは力を発揮します。そして、**これらの指標の土台には、「顧客や市場の創造」というすべてのマーケティングに共通する目的を設定することです**。

Webマーケティングの概要

Webを使ったマーケティング活動が登場!

●Webマーケティングで使用する主な基本用語

PV	ページビュー。サイトが閲覧された回数。同一ユーザーでも閲覧する度に 1PV とカウントされる
UU	ユニークユーザー。サイトを訪れたユーザーの数。閲覧された回数を示すPVとの違いに注意
セッション数	ユーザーの訪問回数を示す数値。ある一定期間何度サイトを閲覧されても、1 セッションとする
CV	コンバージョン。サイト閲覧者が最終的に商品の購入にいたることを指す用語
CVR	コンバージョン率。コンバージョン数を UU またはセッション数で割って出した数値
KPI	重要業績評価指標。目標達成のために具体的なプロセスの達成度合いを示す数値。進捗の状況を把握するための指標
KGI	重要目標達成指標。最終的な目標に対する達成度合いを定量的に示す数値。プロセスの達成度合いを示す KPI との違いに注意が必要
SNS	ソーシャル・ネットワーキング・サービス。コミュニティ型のサイト。フェイスブックやツイッターなどが有名

7-02

生活者の心に響く情報を届けよう

基本はインバウンド・マーケティング

▼アウトバウンド型では生活者に嫌われることも

マスメディアによる広告やダイレクト・マーケティングが中心だった時代は、企業が生活者に対し、一方的にメッセージを発信する環境にありました。顧客を特定せず、個人的な関心なども考慮しないアプローチを「アウトバウンド型」といいます。

いまはパソコンのほか、スマートフォンやタブレットでも情報を瞬時に検索できる時代です。生活者自らが欲しい情報を検索できるため、一方的なアウトバウンド型のアプローチでは、生活者に情報を届けることはできても、実際にそれを閲覧してもらい、購買行動に結びつけることは困難です。押し付けのコミュニケーションでは生活者に嫌われてしまう事態も生まれます。

一方で、**ネット時代は生活者が能動的に情報にふれるため、情報の届け方さえ間違えなければ、好ましい関係づくりが可能です**。生活者に、主体的に情報を探してもらい、よい関係を築くことを「インバウンド・マーケティング」と呼びます。

インバウンド・マーケティング

アウトバウンド型

企業から生活者へ
一方的にアプローチすること

インバウンド型

生活者が主体的・能動的に
情報検索するアプローチのこと

インバウンド・マーケティングの基本的な流れの一例

企業は売りたい商品・サービスの情報を載せたサイトを作成
→ 情報が欲しい生活者に見つけてもらいやすい環境を作る
→ 生活者は欲しい商品を検索エンジンなどで検索し、情報を探す
↓
生活者が企業のサイトを発見し、欲しい商品・サービスの情報を吟味する
← 企業は自社サイトを閲覧した生活者をひきつけるために、各種のコミュニケーションを図る
← 情報に満足した生活者が商品を購入する

生活者が能動的・主体的に商品を購入するように、SNSや各種Webサービスを活用して、企業は生活者とコミュニケーションを図る。段階的に信頼関係を高めていき、最終的に自社商品・サービスのアンバサダーになってもらう

7-03

生活者に商品を見つけてもらおう

SEOやSMOを活用する

▼小手先の技術は通用しない

検索エンジンを使って検索している人を自社のサイトに引き込むことを「サーチエンジン・マーケティング」といいます。そのカギを握るのが、グーグルなどの検索エンジンで検索順位を高める「SEO（search engine optimization）」という技術です。検索エンジンによる検索順位は、以前はキーワードの出現率とリンク数によって決まっていましたが、近ごろは検索アルゴリズムが進化し、旧来のSEO対策が通用しなくなりつつあります。小手先のテクニックで検索順位を操作するのではなく、コンテンツの価値を高めることで、検索エンジンから高い評価を受けようという原点回帰的な対策が求められています。**生活者が本当に必要な情報を提供することが大切なのです**。

さらに、ブログやSNSをはじめとするソーシャルメディア上で認知度や評価を高め、自社サイトへのアクセスを活発化させる「SMO（social media optimization）」なども活用し、生活者に自社の情報を見つけてもらいやすくすることが重要です。

サーチエンジン・マーケティング

サーチエンジン・マーケティング

SEOを駆使して、自社サイトを見つけやすくし、売上を伸ばす手法。SMOなどもあわせて実行することで効率がアップする

SEOとSMOの意味

SEO(search engine optimization)
＝サーチエンジン最適化
SMO(social media optimization)
＝ソーシャルメディア最適化

SEOのイメージ

近年では、SEOだけでなく、自社サイト自体を生活者が本当に探し求める情報を作る必要がある。自社に都合のよいだけのサイトでは、生活者はコンバージョンに至らない

SMOのイメージ

フェイスブックなどのSNS上に商品サイトを作り、適切な情報発信を実施する。生活者はSNSを通して商品を認知し、親しみを持つことで商品の評価が向上する

7-04 顧客に商品を広めてもらう仕組み

人から人に伝わるバイラル・マーケティング

▼やらせにならないように注意する

自社の商品やサービスを多くの人に紹介してもらうプロモーション手法のことを「バイラル・マーケティング」といいます。インターネット黎明期から無料のeメールサービスとして人気を博した「ホットメール」が、多くのユーザーを獲得した仕組みを説明する際に、はじめてバイラル・マーケティングという言葉が使われました。

ホットメールにおけるバイラル・マーケティングの仕組みは、ユーザーが送信したeメールの下部に、「P.S. Hotmailで無料電子メールを入手しよう」というメッセージを自動的に挿入するという手法でした。ユーザーの意図しないところで、サービスを紹介してもらっていたわけです。バイラルとは病原体のウイルスを指す言葉で、人を介して製品やサービスの情報が広がっていく様子をあらわしたネーミングになっています。バイラル・マーケティングには、商品を紹介してくれた人に便宜や報酬を用意する手法もありますが、**やらせではなく本当に商品が好きな人が推薦する仕組みにすることが大切です。**

バイラル・マーケティング

プロモーションの性格が強いマーケティング

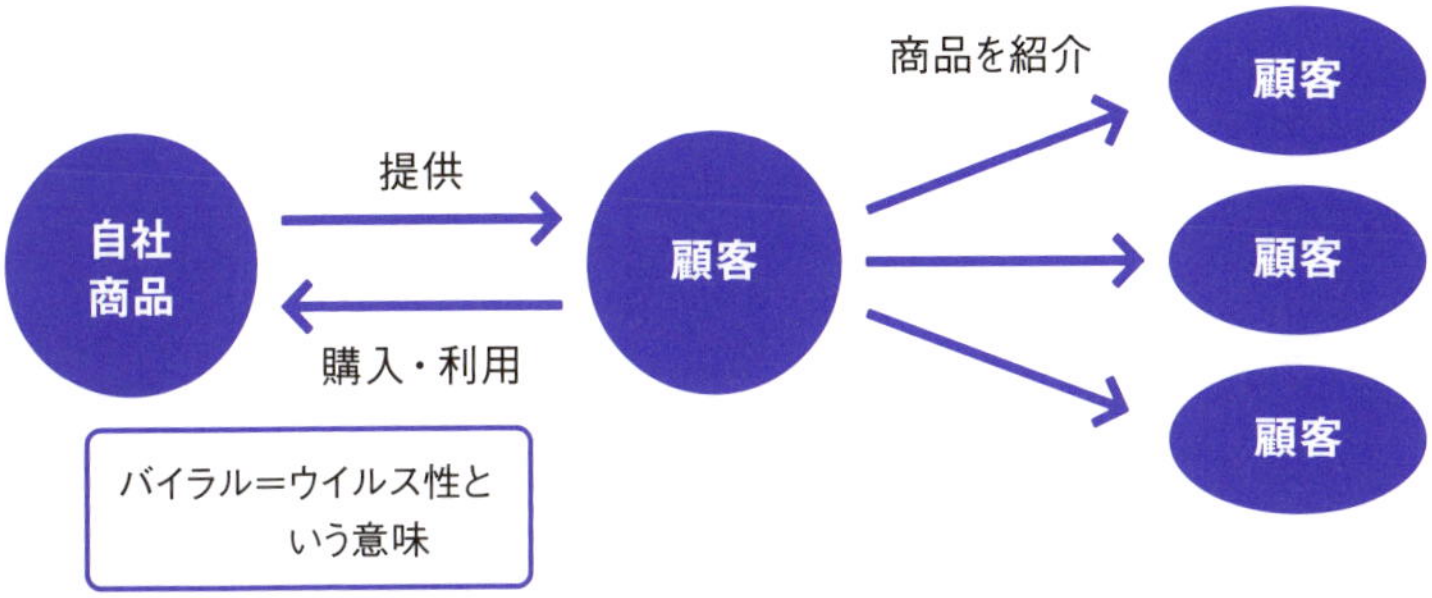

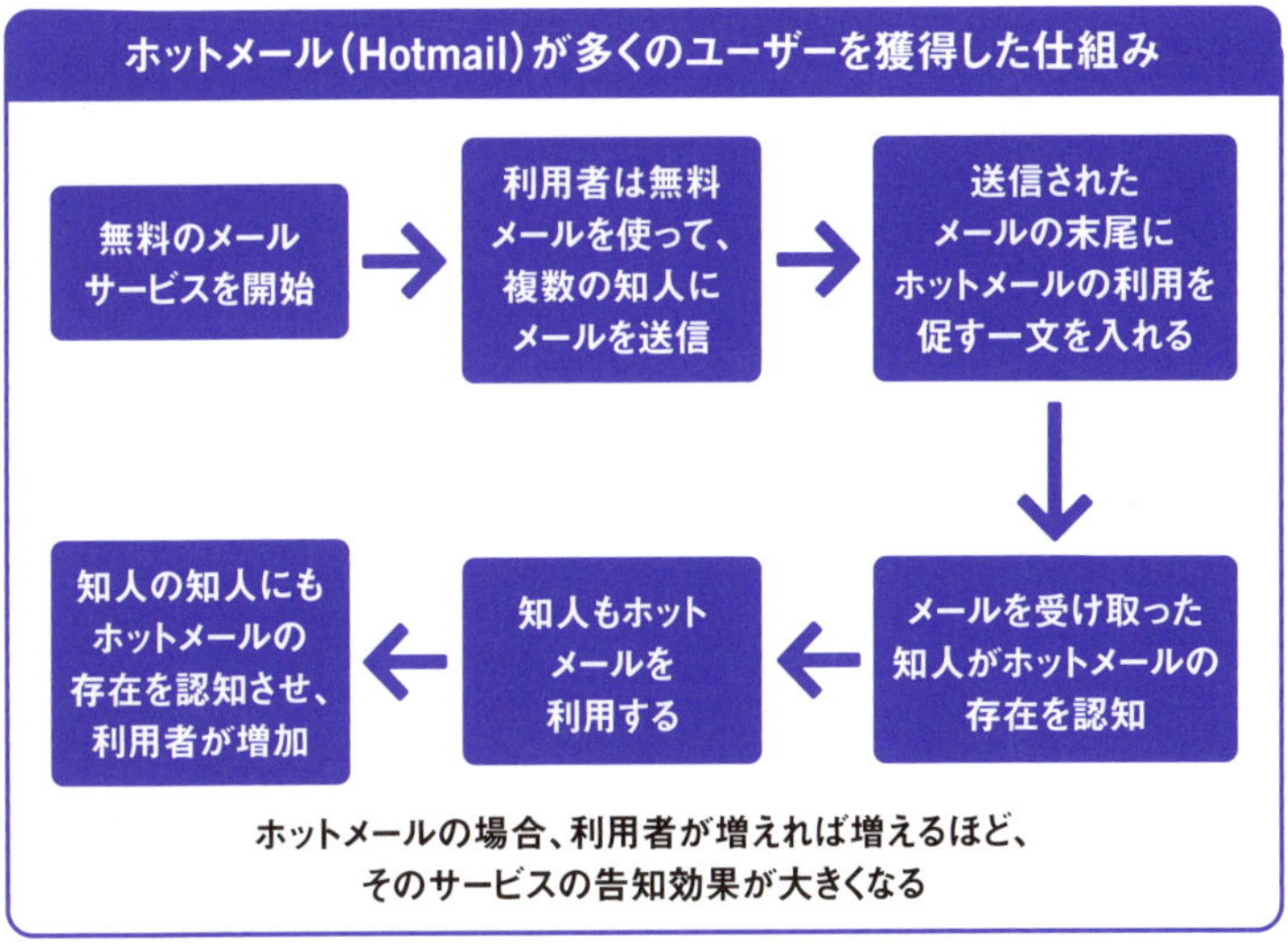

7-05

クチコミ戦略に役立つ5つの神話

バズ・マーケティングの注意点

▼エッジの利いた商品で最良の顧客を獲得する

バイラル・マーケティングと似た概念ですが、クチコミを人為的に発生させて商品の魅力を多くの生活者に伝える手法を「バズ・マーケティング」といいます。バズ・マーケティングの提唱者ルネ・ダイは、「クチコミの5つの神話」として、次のようなクチコミのメカニズムや注意すべきポイントを挙げています。

①エッジの利いた商品だけがクチコミの価値があり、またクチコミ効果が高い
②クチコミを発生させるには、著名人の起用など計画的に意図することが必要である
③最良の顧客が最高のクチコミ伝道師である
④クチコミを利益に結びつけるには、先行優位性が必要となる
⑤クチコミを生み出すには広告が必要である。しかし、広告が早すぎたり、その量が多すぎたりすると逆効果になる

よい商品をつくり、最良の顧客を獲得することが、クチコミを拡散させる近道です。

バズ・マーケティング

クチコミを人為的に発生させて商品の魅力を届ける手法

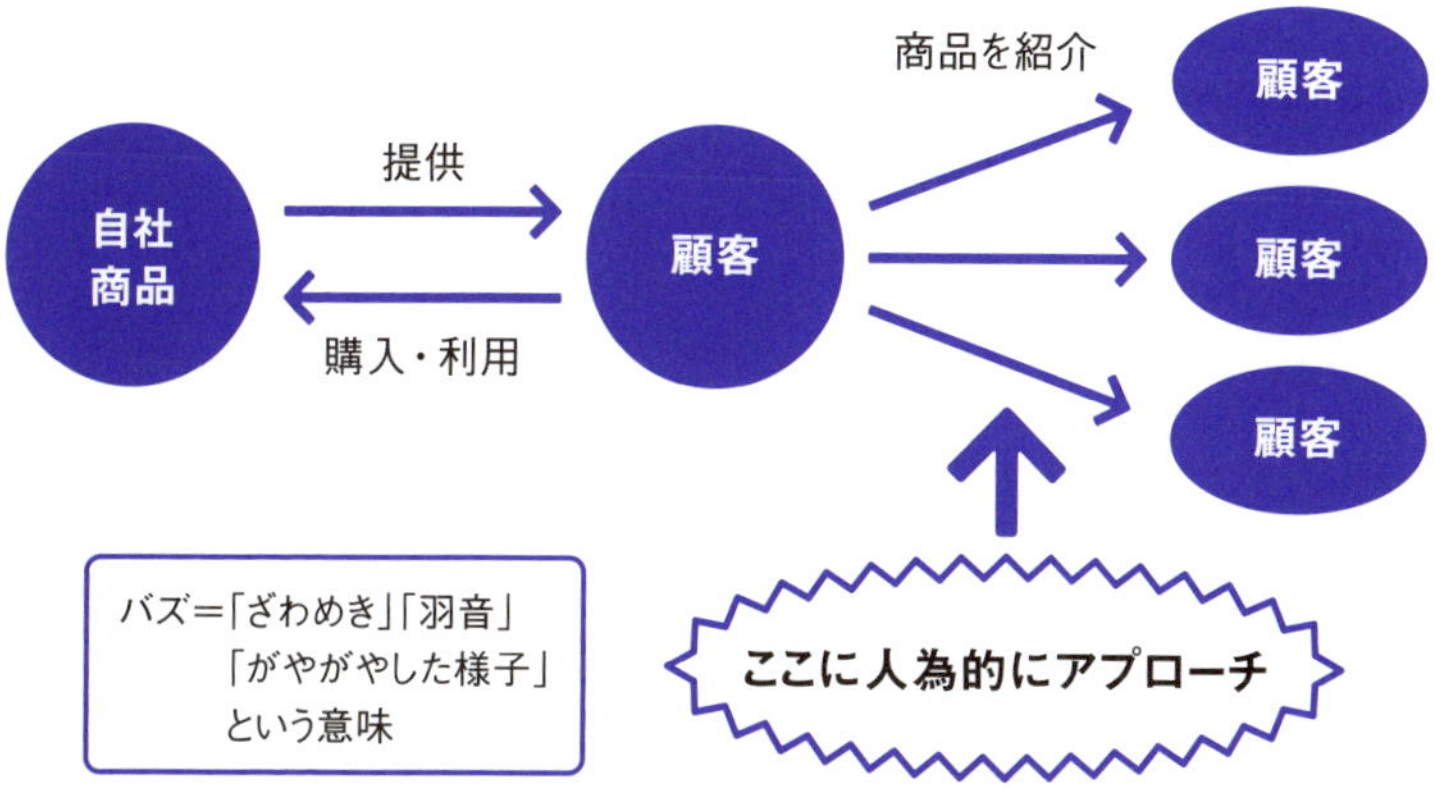

●ルネ・ダイが提唱したクチコミの 5 つの神話

神話1	エッジの利いた商品だけがクチコミの価値があり、またクチコミ効果が高い
神話2	クチコミを発生させるには、著名人を起用するなど計画的に意図することが必要である
神話3	最良の顧客が最高のクチコミ伝道師である
神話4	クチコミを利益に結びつけるには、先行優位性が必要となる
神話5	クチコミを生み出すには広告が必要である。しかし、広告が早すぎたり、その量が多すぎたりすると逆効果になる

7-06

心からの推奨が多くの人を動かす

熱烈なファンによるアンバサダー・マーケティング

▼心のこもっていない推奨は生活者に見抜かれる

熱烈なファンを獲得して、ソーシャルメディアなどで幅広い生活者にクチコミを通じて情報を届ける手法を「アンバサダー・マーケティング」といいます。「熱烈なファン」という点が、バイラル・マーケティングやバズ・マーケティングと区別される点です。アンバサダー・マーケティングを担う熱烈なファンは、大使という意味を持つアンバサダーや、支援者という意味のアドボケーツで構成されます。**便宜や報酬に釣られたり、一時的に商品の魅力に惹かれたりした推奨とは情熱が異なるため、クチコミによる伝播力も、より大きい効果が期待できます**。この背景には、インターネットが定着して長い期間が経ち、生活者に「心から推奨しているか」ということを見抜く目が備わってきていることが指摘できます。

アンバサダーやアドボケーツは、著名人である必要はありません。SNSでは100人以上の友人やフォロワーを持つ一般の生活者が珍しくないため、1人が100人に、その100人がさらに100人に話を連鎖させることで、莫大な効果をあげることもあります。

アンバサダー・マーケティング

熱烈なファンに自社商品を広めてもらう手法

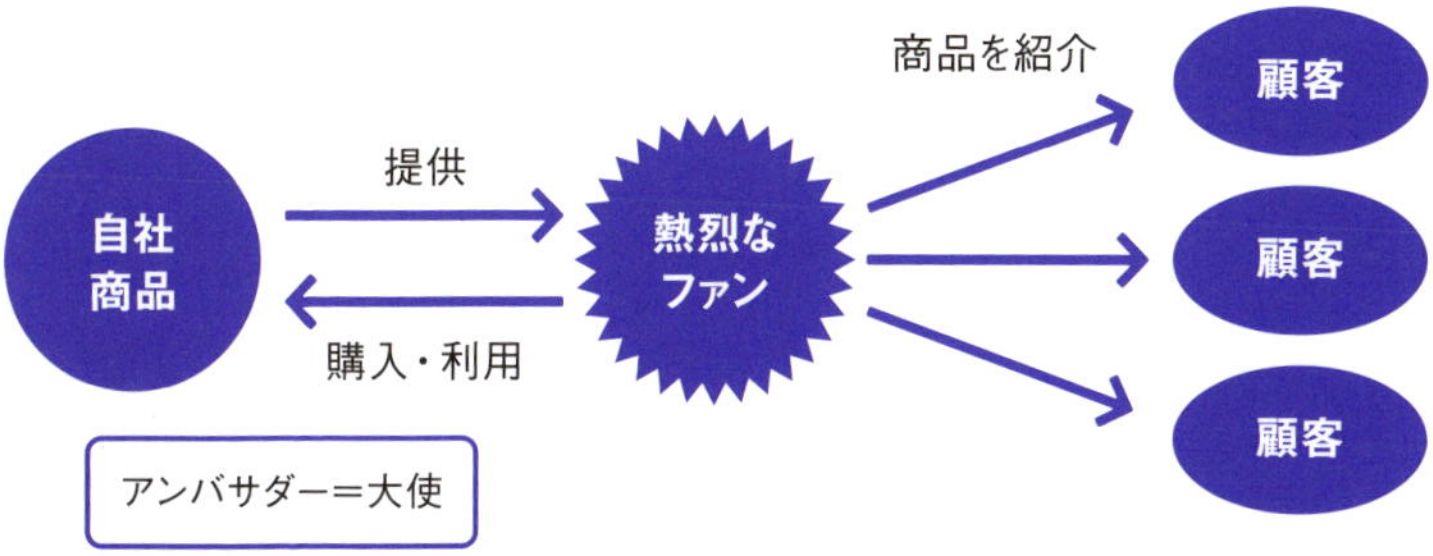

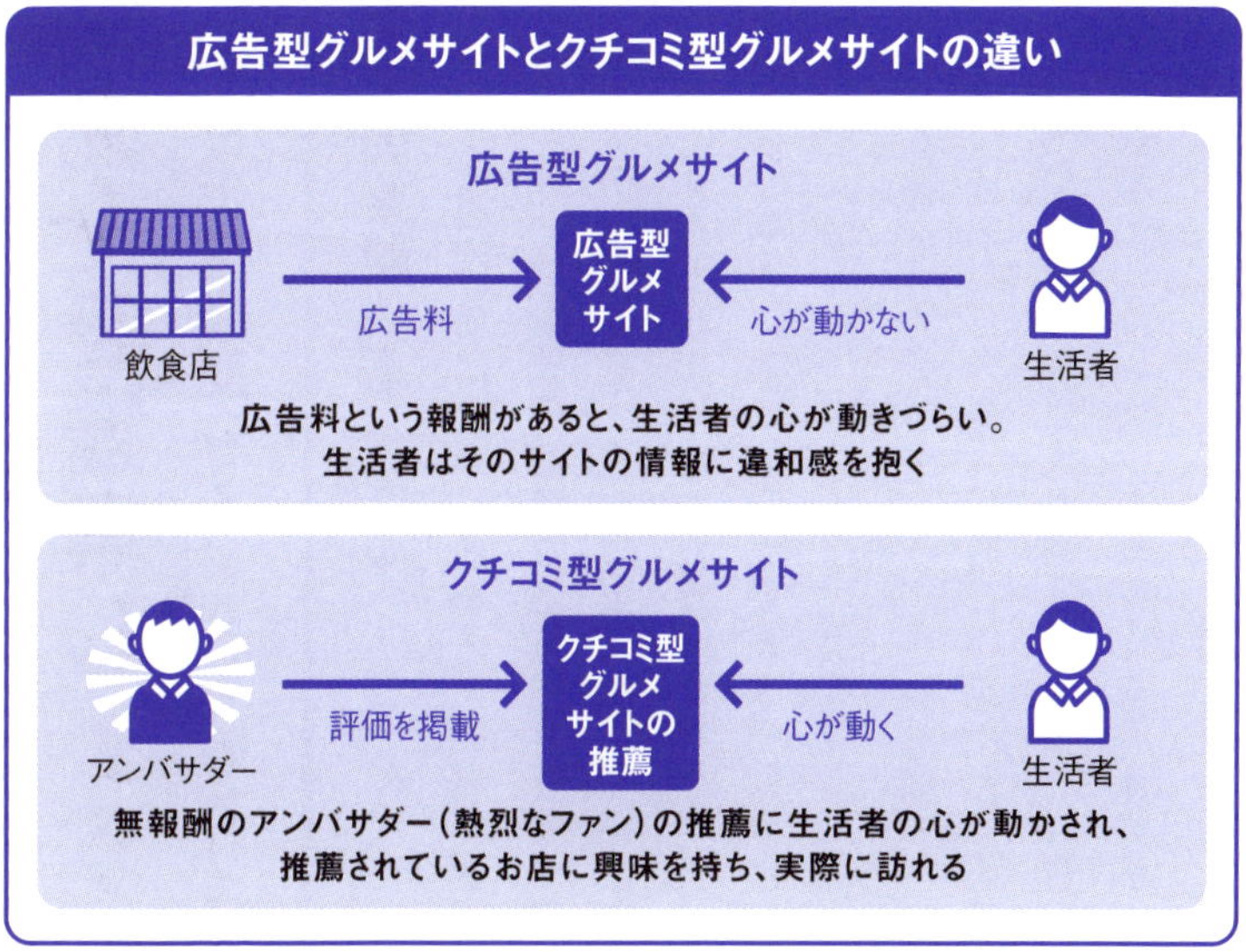

7-07

頼れるアンバサダーを獲得しよう

アンバサダー推奨型コミュニティのメリット

▼アンバサダーはさまざまな面で企業の業績に寄与する

アンバサダーはクチコミで商品をアピールするだけではなく、さまざまな点で企業に寄与してくれます。たとえば**アンバサダーの声を聞いて業務の改善などに役立てる「アンバサダー推奨型コミュニティ」は、近年のマーケティングで大きな成果をあげています**。では、どうすれば頼りになるアンバサダーを増やすことができるでしょうか。

新たにアンバサダーを獲得する方法としては、顧客に「この商品を友人や知人にすすめたいですか?」と質問し、肯定的な回答を得た人にアプローチする方法があります。また、ソーシャルメディアを定期的にモニターし、コメントなどからアンバサダーになり得る人材を発掘したり、あるいは自社の商品を動画サイトなどで紹介するといった形ですでに行動を起こしている人もアンバサダーとして有望です。実際に商品モニターなどの形で企業活動に参加してもらったり、ネット社会での影響力が高いアンバサダーを企業の側から積極的に売り出したりすることも、アンバサダーを育てるために有効な手段です。

アンバサダーを獲得する方法

アンバサダーの発掘法

- アンケート調査
- ネット上で探す
- 行動している人を見つける

アンケート調査で自社商品を他人にすすめたいと答えた人、ネット上で自社商品を推薦している人、自社商品の紹介動画をアップするなど実際に行動を起こしている人を発掘する

ユーザーに対する対応

関心を持ち始めたユーザー

商品に関心を持ち実際に購入してくれるユーザーには、企業活動に参加してもらう機会をつくる

通常のアンバサダー

すでにアンバサダーになっているユーザーには、一般ユーザーへの先生役やモニターなどをお願いする

コア・アンバサダー

発信力の強いコア・アンバサダーは、自社サイトで紹介するなど、彼らのプライドを刺激する

アンバサダー推奨型コミュニティ

企業主導でアンバサダーが集まるコミュニティを形成

多数のアンバサダーが参加するコミュニティを通して、意見や情報を収集する。このマーケティング活動を自社商品やサービスの開発・改善に活かして、業績をアップさせる

▼顧客との絆を取り戻したスターバックスの事例

顧客から推奨してもらったり、事業に参加してもらったりする取り組みは、実際の企業経営においても多くの成功例があります。ここではスターバックスの事例を紹介します。

現在、世界60カ国を超える地域に約2万店舗を展開するスターバックス。しかし、2007年前後から景気後退とオーバーストアが相まり、深刻な業績不振に陥りました。この事態を受け、同社の中興の祖ハワード・シュルツがCEOとして復帰。店舗閉鎖とリストラ策を進めるとともに、**「顧客との心の絆を取り戻す」ためのオンライン・コミュニティ「My Starbucks Idea」を立ち上げました**。同サイトは次の3つの機能を持ちます。

①GOT AN IDEA?……生活者が自分で考えたアイデアを投稿できる機能

②VIEW IDEAS……ほかの生活者が投稿したアイデアを見たり、気に入ったアイデアに投票できたりする機能

③IDEAS IN ACTION……採用に至ったアイデアを閲覧できる機能

同サイトには開始2カ月で4万を超えるアイデアが寄せられ、それに応える施策が実行されました。たとえば「頻繁に利用する見返りがほしい」といった声に対し、レシートを持参するとおかわりを2ドルで購入できる「トリート・レシート」を全米で展開して、午後に売上が落ちるという課題を改善しています。こういった事例から同社に学ぶ点は、左の図のように整理できます。

スターバックスの事例のポイント

①顧客の声を聞くだけではなく、実際に参加してもらった

②顧客と実際に対話し、優れたアイデアを採用した

③商品の改良・改善ではなく、顧客との関係性を見直した

④業績不振にも関わらず「My Starbucks Idea」を立ち上げた

⑤「My Starbucks Idea」の機能で顧客を渦中に巻き込んだ

↓

上記の取り組みが功を奏し、
ブランド価値を毀損することなく、
成長軌道に戻すことに成功

<代表例>
レシートを持っていくと
2ドルでおかわりできる
「トリート・レシート」を
全米で展開した

↓

さらに……
「My Starbucks Idea」の成功を受けて、
デジタルメディアとソーシャルメディアに注力する

現在、フェイスブックで3000万人を
ゆうに超えるファンを獲得している!

7-08

違法なマーケティングもある

やってはいけないステルス・マーケティング

▼海外では明確に違法とされている

心からの支持者に製品やサービスを広めてもらうことは、非常に大きな効果をもたらしますが、アンバサダーやアドボケーツといった存在を得ることは簡単ではありません。だからといって、企業が生活者をコントロールしたり、あるいは企業が生活者になりすましたりして、製品やサービスの広告行為をおこなうといった短絡的な発想に陥ってはいけません。企業がタレントに報酬を渡したり便宜をはかったりして、普通のブログ記事として偽装し、商品のＰＲ記事を投稿させた事例は社会問題になりました。こういった行為は「ステルス・マーケティング」と呼ばれています。「ステマ」などと略されることもありますが、ステルスには「隠れる」「こっそりやる」という意味があります。

イギリスやアメリカでは明確に違法とされており、**日本でも消費者庁がガイドラインとして関連する事案の留意事項を公表し、さらに景品表示法に抵触する可能性があることを示唆しています**。いうまでもありませんが、マーケティングには倫理観が絶対に必要です。

ステルス・マーケティングに注意!

ステルス=「隠れる」「こっそりやる」

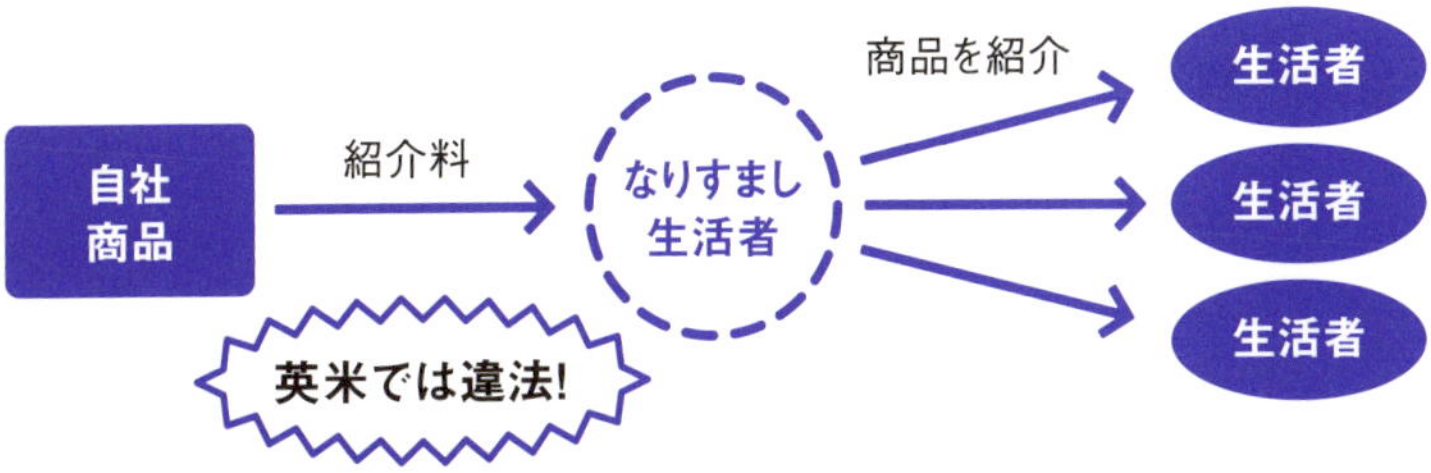

●おもなステルスマーケティングのパターン

**マーケティング代行業者による
クチコミサイトへの書き込み**

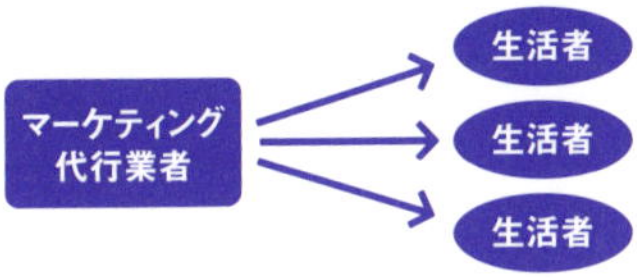

グルメサイトやショッピングサイト
などで頻発した手法

**ショッピングモール型
サービス事業者**

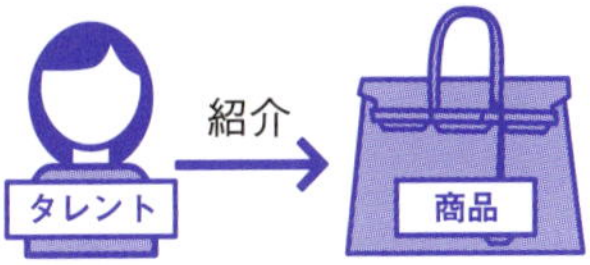

タレントが
ファンであると偽る

**生活者になりすまして
ライバル企業を誹謗中傷**

ライバル企業を誹謗中傷させ、
自社を有利にする手法

実際には購入も
利用もしていない
商品をさも使ったかの
ように紹介するのが
ステルス・マーケティングの
大きな特徴のひとつ

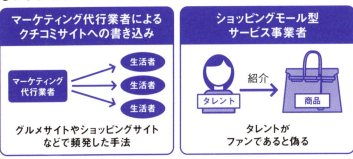

7-09

アフィリエイトを活用しよう

広告主にもアフィリエイターにもメリットがある

▼広告の費用対効果をつかみやすい

インターネット上にはさまざまな広告がありますが、従来の広告にはない画期的な仕組みをもたらしたのが「アフィリエイト広告」です。広告主は、企業や個人のサイトに広告を提供します。その広告が生活者にクリックされたり、広告のリンク先にあるサイトで商品が購入されたりすると、掲載元の企業や個人に手数料が支払われるという仕組みです。広告主が商品を推奨するわけではなく、広告掲載元の企業や個人が推奨するという点が特徴的です。とりわけ個人の推奨者はアフィリエイターと呼ばれ、自分の個人サイトやブログで積極的に商品を紹介するなど、これまでの広告にはない動きが見られました。価値の低い商品をすすめるようなアフィリエイターは成功せず、優れた結果を残す人はバイヤー的なセンスを持っているケースが多いようです。

アフィリエイトは露出するだけで広告費が必要だった従来広告と違い、成果があったときだけ報酬が発生するため、企業にとっても費用対効果が明確になる利点があります。

アフィリエイト広告

アフィリエイト広告＝成功報酬型広告

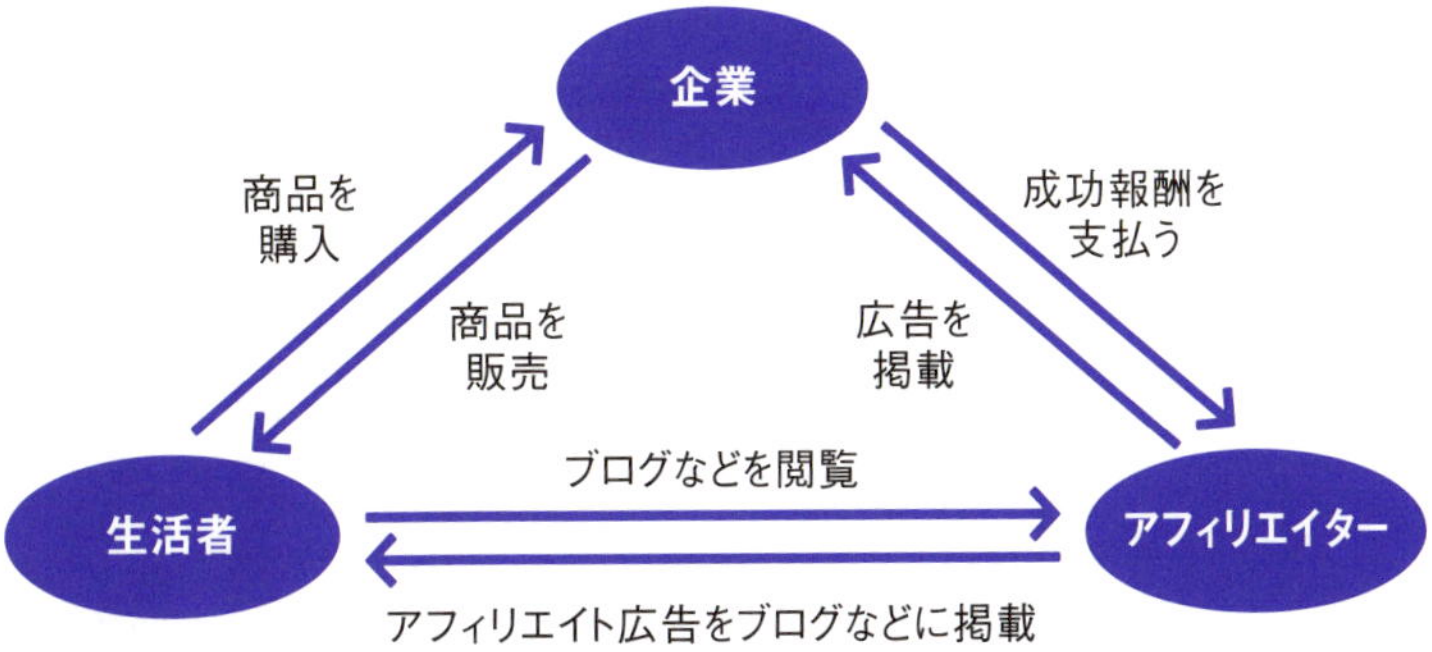

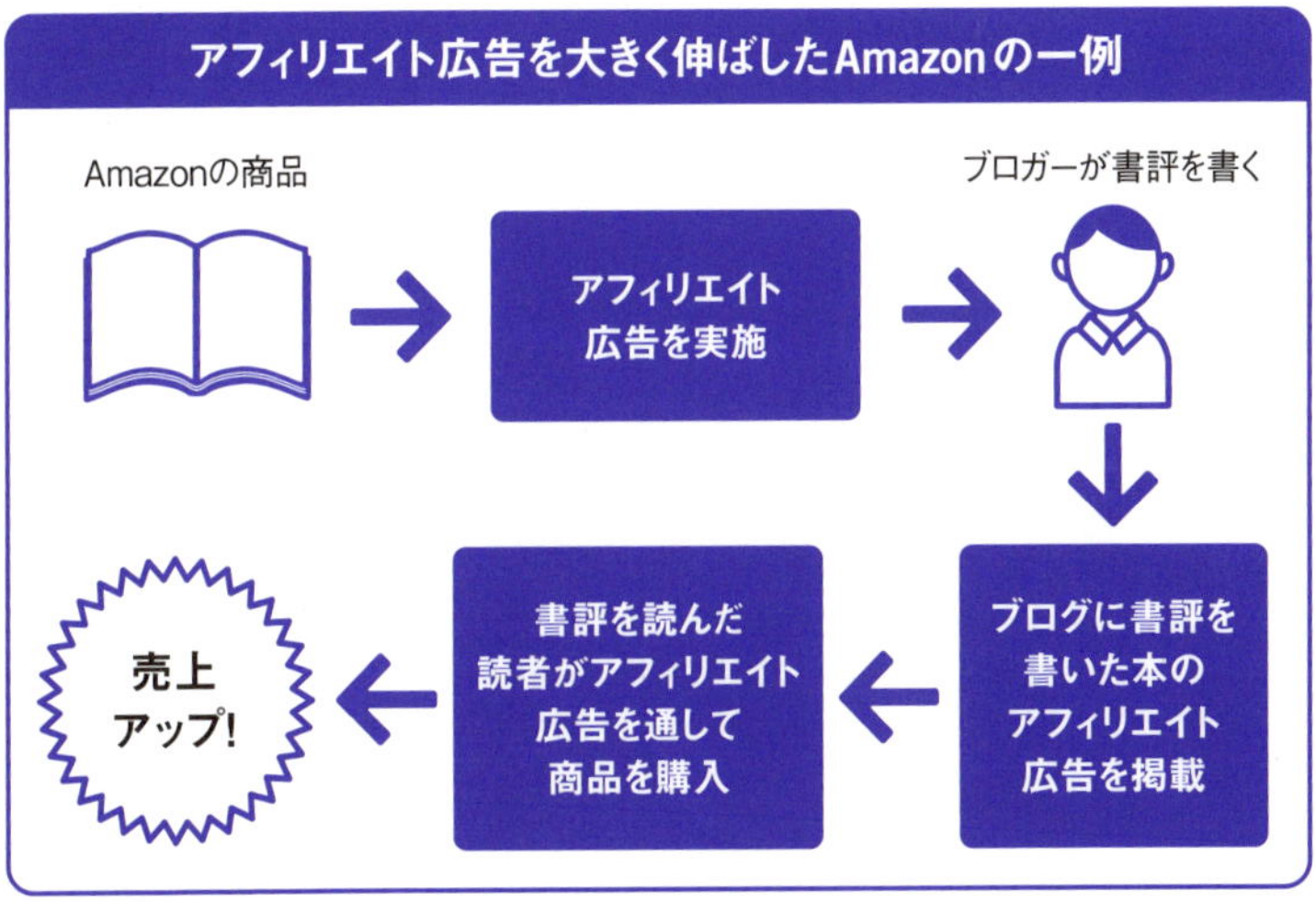

7-10

時間や数量を制限して商品を売る

焦燥感をつのらせるフラッシュ・マーケティング

▼時間と在庫のカウントダウンがポイント

インターネットの特徴のひとつにリアルタイム性が挙げられますが、それを活かして短時間・短期間で商品やサービスを販売する「フラッシュ・マーケティング」という手法があります。仕組みとしては、決められた時間までに出品者が用意した数量の注文が入れば取引が成立しますが、予定数に達しなかった場合は不成立になります。フラッシュが光るくらいの時間で販売してしまうことからこの名がつきましたが、実際は24～48時間程度で販売を終えることが多いようです。

販売期間中は、商品を紹介する画面に、残り時間が詳細に表示されます。残り時間がどんどんカウントダウンされていくなかで、注文件数が少しずつ増えていき、生活者の購買意欲を刺激します。テレビショッピングでも、商品をＰＲしている画面の隅に、商品の在庫数が表示され、**時間とともに数が減っていくことで視聴者の焦燥感をつのらせる**タイプの番組がありますが、フラッシュ・マーケティングとメカニズムは共通しています。

フラッシュ・マーケティングの流れ

時間と在庫を限定し、焦燥感をつのらせるのが
フラッシュ・マーケティングの基本となる!

時間と在庫を限定する ＋ **生活者の焦燥感をつのらせる** ＝ **フラッシュマーケティング**

▼フラッシュ・マーケティングの安さのカラクリ

フラッシュ・マーケティングは、インパクトのある価格設定をおこなうことで強力な集客効果を発揮します。**安さのカラクリとしては、まとまった購入者を得ることで、大量販売によるコストダウンや在庫処分が可能になるほか、マーケティング活動の一環として見込み客の調査、顧客データの収集などを目的としているケースもあります。**

現在主流のフラッシュ・マーケティング事業者は、大別すると次のように分類できます。

①共同購入によるクーポン販売型サービス事業者

②ショッピングモール型サービス事業者

①は、顧客に「デイリー・ディール・クーポン」と呼ばれるクーポンを販売し、商品の大幅割引価格を提示します。たとえば「レストランAの○月×日のコース料理が半額になるデイリー・ディール・クーポン」を予定数50、制限時間48時間で注文を受け付けるといった具合です。クーポンを販売する事業者は、レストランで使えるクーポンを販売するだけで、取引が成立しなくても大きなリスクはありません。またレストランにとっても、客足が鈍りそうな日にクーポンによって多くの来客を見込めるため、安定的な店舗運営が可能になり、食材の大量購入でコストを圧縮できるといったメリットがあります。

②は、自社で仕入れた商品や提携する小売業の商品を、会員向けの目玉価格で販売します。1日に1商品だけを扱うといった極端な戦略をとる事業者もあります。

安さのカラクリ

●現在、主流となっているフラッシュ・マーケティング事業者

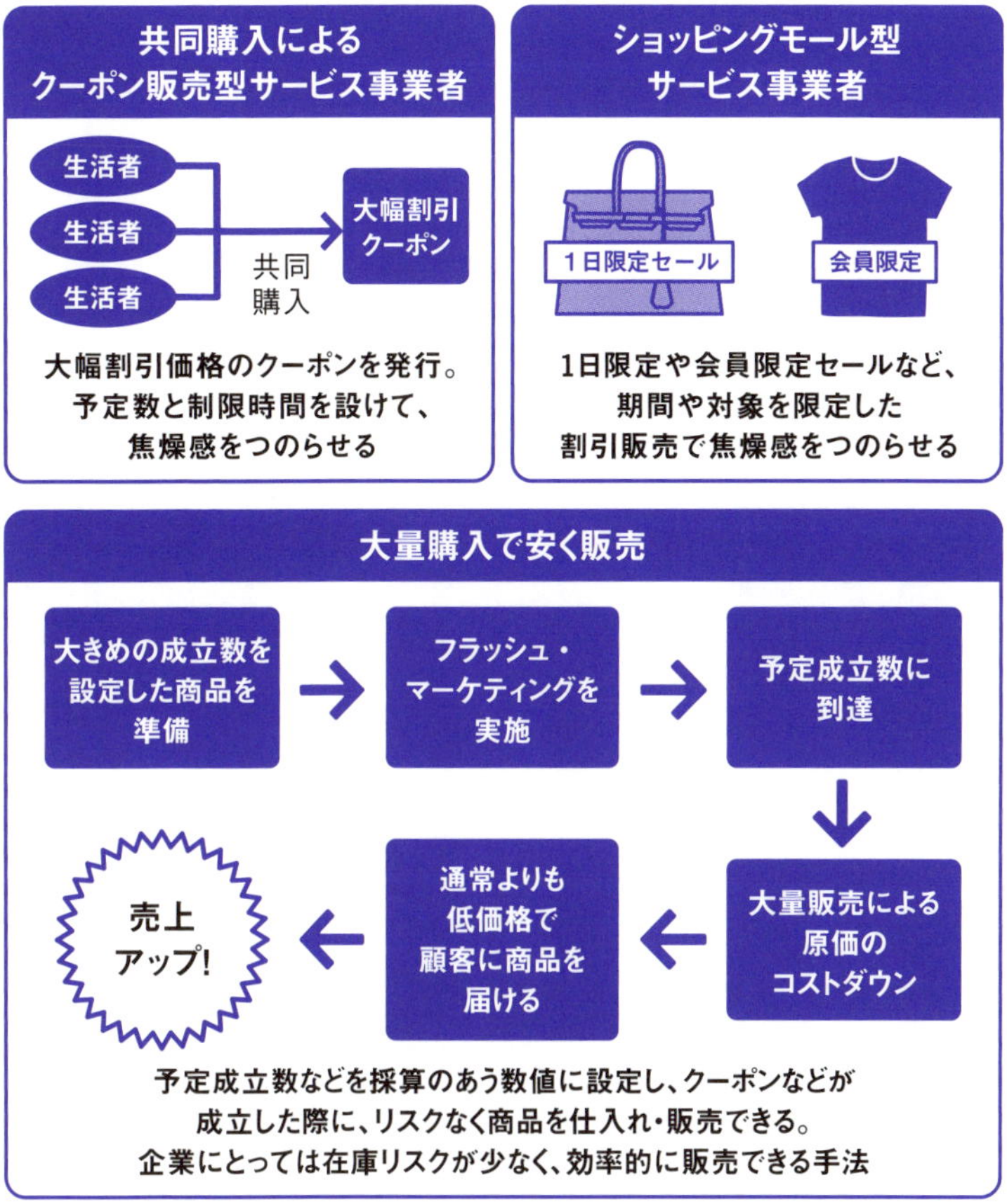

7-11

ネット特有のリスクに注意しよう

SNSの拡大によりリスクが顕在化

▼対処を間違えると炎上につながることも

Webマーケティングといえば、ネット社会特有のリスクにも目を向けなければなりません。とくに**SNSの拡大により、次のようなリスクが顕著に目立つようになりました**。

①やらせに対するバッシングと拡散のリスク……232ページで解説したステルス・マーケティングに代表されるやらせ行為は、多くの生活者に批判される

②誤解や誤報の拡散リスク……ユーザーの誤った理解が訂正されないまま拡散される

③絶えず批判する批判者……ネット社会には、なにかにつけて批判したがる「荒らし」と呼ばれる存在がいる。また自己顕示欲から些細なことを痛烈に批判する例も多い

④社内に潜むブランドの破壊者……契約社員やアルバイトが、職務上の秘密をSNSにアップしたり、悪質ないたずらを動画サイトにアップしたりする例が後を絶たない

②や③のように、**企業側に責任がないリスクもありますが、対処を間違えるといわゆる「炎上」に結びつくことも少なくないため、注意しなければなりません。**

ネット社会特有の企業リスク

ネット社会のリスクへの対応を間違えると炎上することも!

① やらせに対する
バッシングと拡散のリスク

やらせに対する非難!

②誤解や誤報の拡散リスク

ユーザーの誤った
知識が拡散!

③ 絶えず批判する批判者

些細なことでも
痛烈に批判!

④ 社内に潜むブランドの破壊者

秘密の暴露や悪質な
いたずらの発覚!

「炎上」とは?	「荒らし」とは?
サイトを管理している人が想定している以上の批判や誹謗中傷が寄せられること	ネット上の環境を荒らす人。読み手が不快に思う書き込みをコメント欄に残すこと

荒らしに対する対応を間違えたり、批判意見を
「荒らしだ」と決めつけることで炎上する場合も…

チロルチョコの風評被害が食い止められた例

では炎上を防ぐには、企業はどのように対処すればよいのでしょうか。「チロルチョコ」で有名な松尾製菓の事例には、学ぶべき点がたくさんあります。

2013年6月11日の13時頃、チロルチョコのなかに芋虫がいたとするコメントが、写真とともにツイッターにアップされました。ツイートはあっという間に拡散し、リツイートは1万回を突破。同社は商品の最終出荷日と芋虫の形状から混入時期を推定し、商品購入後に芋虫が混入したことを示唆するツイートを速やかにおこないました。同時に、外部機関のホームページに掲載されていた「虫が混入するケースの多くは購入後の過程で起こる」といった内容の記事を紹介。同社の素早く冷静な対応は、約1万回もリツイートされることになり、事態は急速に沈静化しました。

マーケティング上の観点から以上の対応を分析すると、いくつかのポイントが見えてきます。まず、ツイッターに問題の投稿があった30分後には同社副社長に報告があがり、専門家に問い合わせたうえで、**公式見解を3時間後にツイートするという迅速な対応**が挙げられます。また、**感情的にならずに事態を正確に伝えたこと、生活者の感情に配慮したツイートで企業の真摯な姿勢を見せたこと、外部機関の情報も掲載して客観性を示したこと**なども学びたいポイントです。この松尾製菓の事例は、48ページで紹介したＡＩＳＡＳにあてはめて、左図のように分析することもできます。

AISASモデルにあてはめた
松尾製菓のリスクマネジメント

Attention 注目	チロルチョコのなかに芋虫が入っていたという コメントと画像がツイッターに投稿された! **大勢の注目を集めてしまう**
Interest 興味・関心	商品のなかに虫がいる画像を見たツイッターのユーザーが、 1 万回以上もリツイートする! **興味・関心によりコメントと画像が一気に拡散!**
Search 検索	ツイッター上で、検索キーワードに「芋虫」が登場! **さらに多くのユーザーに検索される恐れが!**
Action 対応	松尾製菓内で副社長に報告があがり、専門家の見解を聞く! ツイッター上で公式見解を発表! **冷静かつ迅速な対応で沈静化をはかる!**
Share 情報共有	客観的な情報に基づいたツイートは、約 1 万回も リツイートされる!　ブログやまとめサイトにも転載! **正しい情報が共有され騒ぎは一気に沈静化した!**

チェック!
Action は本来、「購買行動」を示すが、
リスクマネジメントに置き換えると「対応」になる

7-12

ネットとリアルをつないでみよう

急速に発展したO2Oマーケティング

▼検索行動をリアル店舗への誘導につなげる

Webマーケティングはインターネットだけで完結するものではありません。たとえばネットにつながるオンライン環境と、リアル店舗が連携して生活者の購入行動を刺激する「O2Oマーケティング」という概念があります。O2Oとはonline to offlineの略語で、たとえばモバイルアプリなどを利用してオンライン（インターネット上）で集客をし、オフラインの実店舗に生活者を誘導するという仕組みが挙げられます。デスクトップのパソコンでインターネットに接続することが主流だった時代にもO2Oマーケティングは存在しましたが、**近年モバイル環境が著しく発達したことに伴い、マーケティング手法も急速に洗練されてきました**。

具体的には、知らない街を散策している生活者が、スマートフォンやタブレット端末で街の地図を検索したときに、GPSを介した位置情報などを通し近隣50メートル以内の店舗で使えるお得なクーポンなどが表示されるといった仕組みです。

ネットから実店舗に誘導する O2Oマーケティングの特徴

ネットにつながっているオンライン環境があれば オフラインのリアル店舗に誘導することが可能

オンライン環境で検索などをおこなう → リアル店舗のお得情報を発見! → オンラインからオフラインに移動する

モバイル環境の著しい発達により O2Oマーケティングも活発化!

スマートフォンを活用したO2Oマーケティングの例

- 出先で地図を検索したときに、GPS から位置情報を取得し近隣店舗の割引チケットを表示するサービス
- 会社帰りに飲み会をすることが急に決まったときに、居酒屋の空席情報を探し、その場で予約できるサービス
- リアル店舗に行くだけで、オリジナルの特典動画をスマートフォンにダウンロードできるキャンペーン
- スマートフォンに専用アプリをインストールし、指定された場所に行くと、クイズを楽しめるイベント

▼O2Oの概念をさらに拡大したオムニチャネル

現代のWebマーケティングでは、O2Oの概念をさらに拡大した「オムニチャネル」が非常に重要になってきています。これは、オンラインでの検索行動などを実店舗への誘導につなげるだけにとどまらず、**オフラインとオンラインのすべての接点で顧客との関係を築く取り組みです**。具体的には、実店舗、カタログ、マスメディア、コールセンターといった旧来あるチャネルに、ネット上のバーチャル店舗や企業サイト、SNSといったネット時代のチャネルを加えて、それらを相互的に活用する仕組みです。

たとえば、セブン&アイ・ホールディングスは多数のグループ企業を持っていますが、グループ全体で顧客情報や購入履歴を把握し、最適な情報を顧客に届けられる体制を構築しています。これに伴いグループ内の企業や店舗で顧客が決済する方法も統一され、セブンネットショッピングで注文した商品を、セブン-イレブンで決済して商品を受け取るといったことも可能になりました。

家電量販店などでは、生活者が店頭で商品を確認したあと、最安値をネットで検索して一番安いサイトで購入する実店舗の「ショールーミング化」が問題になっていますが、セブン&アイ・ホールディングスはオムニチャネルを活用することで、生活者の利便性を向上させて安売りに頼らない価値づくりを目指しています。オムニチャネルはオフラインとオンラインのすべての市場を激変させる可能性を秘めています。

オムニチャネルのイメージ

各チャネルを連携させてすべての場所で生活者と接点を持つ

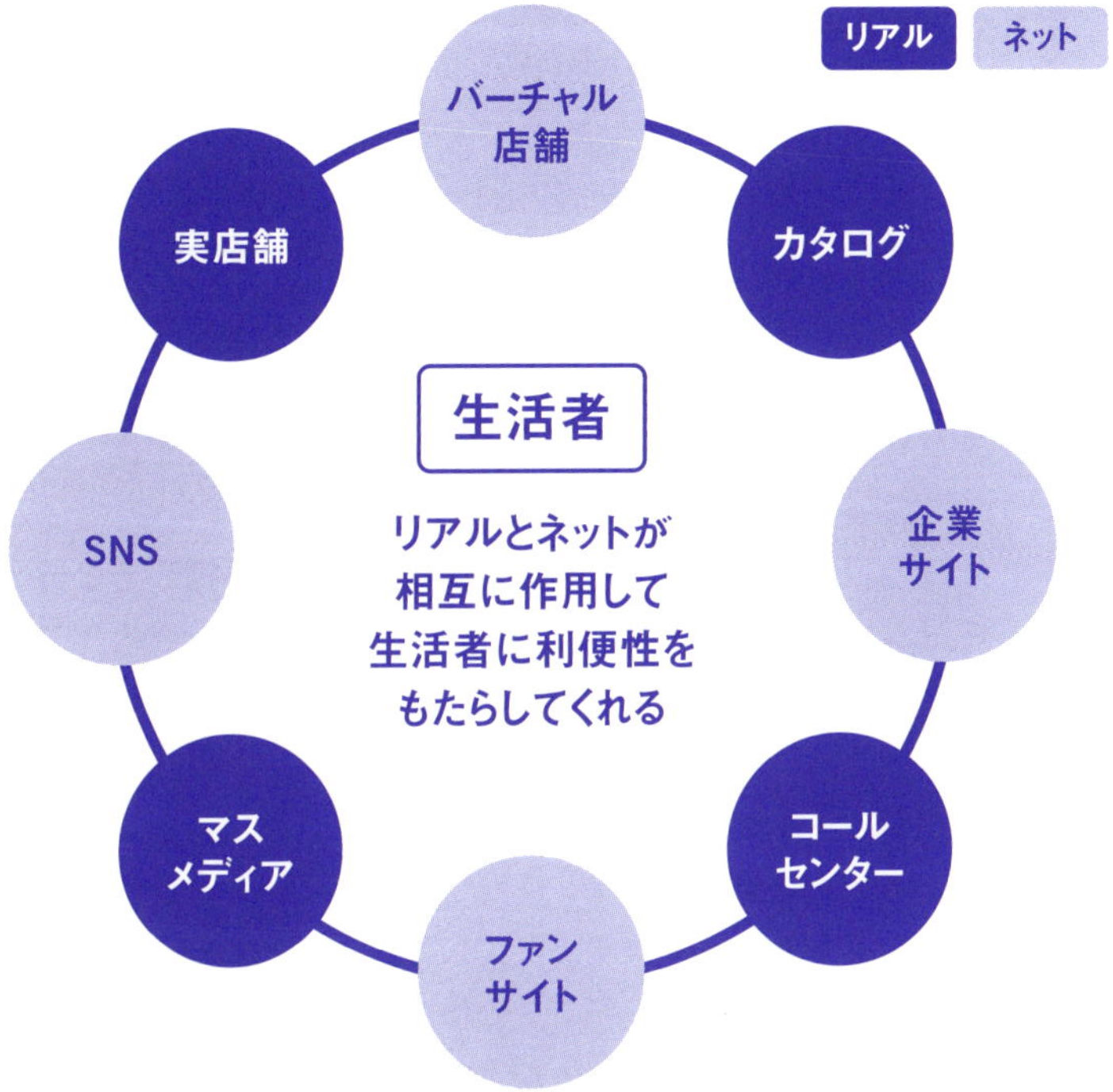

セブン&アイ・ホールディングスの場合は…

自宅でくつろぎながらセブンネットショッピングで商品を注文 → 決済と受け取りは近くのセブン - イレブンで済ませる

column

マーケティング4.0とマズローの欲求5段階説

アメリカの心理学者アブラハム・マズローは、人間の欲求を５段階でモデル化しています。１つめの段階から順に「生理的欲求」「安全欲求」「社会的欲求」「尊敬欲求」「自己実現欲求」となっています。食事や睡眠など生命維持に欠かせない生理的欲求が満たされると、健康で安心な生活を実現したいと願う安全欲求が生まれ、やがて社会に自分の居場所を求める社会的欲求に移っていきます。

このように、人間はより高い欲求の実現を目指して成長します。この欲求５段階説は、マーケティングの市場細分化にも影響を与えました。

コトラーは近年、マーケティング4.0という概念を発表し、これからのマーケティングは自己実現欲求にまで踏み込む必要があると提言しました。SNSや動画投稿サイトで自己を表現する人が増えたことからもわかるように、生活者の新しい価値観に対応したマーケティングが必要になってきています。

マーケティングは企業活動にとどまらず、社会全体をよりよくするために存在しています。そのための新たな視点が、「自己実現」になってきたわけです。

参考文献

『全史×成功事例で読む「マーケティング」大全』（かんき出版）酒井光雄（編著）、武田雅之（著）
『成功事例に学ぶマーケティング戦略の教科書』（かんき出版）酒井光雄（編著）、武田雅之（著）
『コトラーを読む』（日本経済新聞出版社）酒井光雄（著）
『視聴率調査はなぜウチに来ないのか』（青春出版社）酒井光雄（著）
『図解でわかるブランディング』（日本能率協会マネジメントセンター）ブレインゲイト株式会社（著）
『コトラーのマーケティング3.0 ソーシャル・メディア時代の新法則』（朝日新聞出版）フィリップ・コトラーなど（著）、恩藏直人（監訳）、藤井清美（訳）
『コトラーのマーケティング入門 第4版』（丸善出版）フィリップ・コトラー、ゲイリー・アームストロング（著）、恩藏直人（監訳）、月谷真紀（訳）
『マーケティング原理 第9版』（ダイヤモンド社）フィリップ・コトラー、ゲイリー・アームストロング（著）、和田充夫（監訳）
『イノベーションと企業家精神』（ダイヤモンド社）ピーター・ドラッカー、上田惇生（訳）
『図解 よくわかるこれからのマーケティング』（同文館出版）金森努（著）
『図解でわかるマーケティング いちばん最初に読む本』（アニモ出版）野上眞一（著）
『これだけは知っておきたい「マーケティング」の基本と常識』（フォレスト出版）大山秀一（著）
『日経ビジネス』２０１４年10月27日号（日経ＢＰ社）

おわりに

テレビ・ラジオ・新聞・雑誌というマスメディアしか存在しなかった時代は、情報はマスメディアから生活者に対して一方的に流されるワンウェイコミュニケーションであり、そこでは大量販売を念頭に置いたマーケティングが主流でした。

この頃スーパーや量販店などセルフ販売をおこなう販路で商品を販売するには、生活者に対して商品の知名度と認知度を高める必要があるため、大規模な広告が必要でした。また、数多くのリアルの販路で販売するために企業の体力が必要なため、大企業に有利な時代でした。

ところがインターネットが誕生し、フェイスブックやユーチューブ、ツイッターに代表されるソーシャルメディアが登場してからは、企業やマスメディアだけでなく生活者も情報発信がおこなえる双方向コミュニケーションが当たり前になり、ネット通販に代表される新たな販路とコミュニケーション手段、そしてネットの存在を前提にしたマーケティングが誕生しています。

メディアが流す情報を単に受け取るだけでなく、必要に応じて生活者も情報発信をおこない、さらに必要な情報があれば自らの手で探し出す情報検索社会では、価値ある企業や商品・サービスであれば生活者が検索し見つけてくれるようになりました。しかも、スマートフォンやタブレット端末により、生活者はどこにいても情報の受発信とコミュニケーションが可能になっています。こうした情報環境の変容は、小さな企業でも知恵さえ使えば大企業と互角に競える社会が到来していることを意味し、情報検索社会で生活者の心をつかむマーケティングがあらゆる業種のビジネスパーソンにとって必要になっています。

マーケティングは時代の流れとともに進化を続け、時代と呼吸して成長していくサイエンスです。変化を続ける社会にあって、マーケティングの理論や手法には普遍的な価値を持つものが存在する一方、新たに誕生する概念や理論とともに置き換えられていくものも存在しています。

本書を手にした皆さんが、先人たちが生み出したマーケティングの理論や手法を踏まえ、過去に存在していなかった新たな視点に立ち、世界の人たちを「価値」で魅了するマーケティング活動を実践する推進者になって欲しいと思います。皆さんの手で、日本発の新たなマーケティングが登場する日を、心待ちにしています。

２０１５年１月　酒井光雄

索引

●監修

酒井光雄（さかい・みつお）

1953年生まれ。学習院大学法学部卒業。日本経済新聞社が実施した「企業に最も評価されるコンサルタント会社ベスト20」に選ばれた実績を持つブレインゲイト（株）代表取締役。著書に『全史×成功事例で読む「マーケティング」大全』（かんき出版）、『コトラーを読む』（日本経済新聞出版社）、『価格の決定権を持つ経営』（日本経営合理化協会）など多数。12年以上にわたり日経MJに連載コラムを執筆し、日経BP社が主催する日経BP広告賞選考委員を長年務めている。

●著者

シェルパ

ビジネス書を中心に、多数の書籍、雑誌、Web媒体の編集・執筆を手がける。マーケティング分野以外にも、企業に向けた社員研修のノウハウやビジネスパーソンのスキルアップをテーマにした媒体など、対応領域は多岐に及ぶ。上場企業やグローバル企業など、各業界で活躍するビジネスリーダーへの取材経験も豊富で、多彩な情報を持つ。近年は国際観光分野をはじめ、政策に関する著書も多い。

図解&事例で学ぶ マーケティングの教科書

2015年 1月31日　初版第1刷発行
2015年10月10日　初版第3刷発行

監　修　酒井光雄
著　者　シェルパ
発行者　滝口直樹
発行所　株式会社マイナビ出版
〒101-0003 東京都千代田区一ツ橋2-6-3 一ツ橋ビル2F
TEL 0480-38-6872（注文専用ダイヤル）
TEL 03-3556-2731（販売部）
TEL 03-3556-2733（編集部）
Email：pc-books@mynavi.jp（質問用）
URL：http://book.mynavi.jp

装丁　萩原弦一郎、橋本雪（デジカル）
本文・図版デザイン　玉造能之（デジカル）
DTP　シェルパ、富宗治
編集協力　平井源
印刷・製本　図書印刷株式会社

ISBN978-4-8399-5440-6
Printed in Japan